泛娱乐

引爆商业地产核心竞争力

周重润 著

中国宇航出版社
·北京·

图书在版编目（CIP）数据

泛娱乐：引爆商业地产核心竞争力 / 周重润著. --
北京：中国宇航出版社，2018.2
ISBN 978-7-5159-1411-4

Ⅰ. ①泛… Ⅱ. ①周… Ⅲ. ①城市商业—房地产开发—运营管理 Ⅳ. ①F293.35

中国版本图书馆CIP数据核字(2017)第292183号

特约策划 肖胜萍　沈　超
责任编辑 吴媛媛　　**装帧设计** 宇星文化

出　版
发　行 中国宇航出版社
社　址 北京市阜成路8号　　**邮　编** 100830
(010)60286808　　(010)68768548
网　址 www.caphbook.com
经　销 新华书店
发行部 (010)60286888　　(010)68371900
(010)60286887　　(010)60286804（传真）
零售店 读者服务部
(010)68371105
承　印 三河市君旺印务有限公司
版　次 2018年2月第1版　　2018年2月第1次印刷
规　格 710×1000　　**开　本** 1/16
印　张 13.5　　**字　数** 140千字
书　号 ISBN 978-7-5159-1411-4
定　价 59.00元

本书如有印装质量问题，可与发行部联系调换

推荐序（一）

欣闻好友重润兄的新书《泛娱乐：引爆商业地产核心竞争力》即将出版，重润兄在泛娱乐产业和文创产业中是有多年行业经验的先头兵，多有体验和心得，初拿这本书时我心中已是思绪万千。

不得不说，人们的消费习惯会很大程度地左右着社会经济发展的产业模式。电商每年愈演愈烈的狂轰滥炸给线下商业带来的打击是真不小，可是危机总是意味着与机会并存。当人们周末、节假日都足不出户，在家拿着手机或守在电脑前准备迎接狂欢的时候，当人们就算决定出门也是早在网上订好了豪华出国游套餐的时候，我们身边这些灯火阑珊却冷冷清清的美丽地方又有谁来问津呢？

就商业地产而言，怎么做才不怕所谓的“人去楼空”呢？现在有了一个好的提议，就是商业地产与本书中详细介绍的泛娱乐概念相结合。过去人们认地段，那是因为城市交通还不够发达，而在如今日益追求精神世界满足的已经“消费升级”的大众眼中，“在一个地方我能获得什么”才是关键。如果仅仅是为了工作或学习，那么下班后、放假后此地多半与“鬼城”无异。泛娱乐不仅输出精神文化，更是提供生活服务，而这样的精神文化和生活服务体系必须是升级版的，要有名人效应，还要有趋势主导，加上以此衍生的丰富的配套设施，多层级、多样化的产业支持，以及作为宣传主力军的粉丝力量，还怕一个地方不火吗？线上用眼看得多，而线下既看得到又摸得到的亲近感，谁不喜欢呢？

我们在杭州投资的蒲公英泛娱乐小镇就是依照泛娱乐概念打造的主题小镇，对此我也有些心得和感受。蒲公英小镇为网红们开辟了800个创客直播空间，同时将明星和明星工作室、动漫、电竞、网红培训、影视综艺制作公司引进小镇后，将利用泛娱乐概念为商业地产带去飞跃式的发展。

中国已经进入网红3.0时代，2016年网红产业产值预估接近580亿元，从文字、图片再到如今的视频时代，“网红”概念活跃在各个领域，通过各种视频内容在互联网上吸引大量粉丝，形成集聚效应。网红时代的崛起，离不开淘宝，阿里巴巴的大本营就在杭州；杭州下沙区的产业结构复杂，从外企的高新技术园到大学城到创业园区再到手工制造业加工点，区域发展良莠不齐，人员结构复杂，但是交通发达，地缘影响范围广，所以下沙非常适合打造泛娱乐小镇。有了大学城这个造血库，下沙的产业态势良好，“蒲公英泛娱乐小镇”从产业整合再到产业升级，将泛娱乐概念与商业地产相结合，成就了这个集产业发展、娱乐休闲、生活服务为一体而又主题鲜明的小镇，着力带动区域活力。

我看到本书的出版甚是欣慰，此书承载的意义和价值于当下时代而言，不可估量！

梅洪华

蒲公英泛娱乐商业广场董事长

推荐序（二）

中国经济经过多年扎实的发展，衣食住行得到满足之后，人们对物质的需求逐步提升为对精神的追求，文化娱乐相关产业在中国迎来井喷。放到更大的背景中，文化娱乐产业面临着巨大的发展机遇，特别是在消费升级、城镇居民可支配收入持续增长、文化与科技融合的推动下，产业规模和社会影响力都有着巨大的成长空间，且文化软实力急需与经济实力相匹配。从另一个层面讲，文化在一定程度上成为国家竞争力的源泉，而步入文化产业时代，也成为肩负着提升国家形象和竞争力的重任。

中国的文娱产业在现阶段可以说是刚刚进入产业化运营不久，产业生态还不成熟。仅以粉丝经济举例，2016 年，人口不足 5000 万的韩国，粉丝经济直接收入达 200 亿元的市场规模。同年的日本，更是高达 500 亿元，日本偶像经济年收入是院线电影票房收入的 2.5 ~ 3 倍，全国有大小 1000 支偶像女团，很多地缘偶像团体常年在城镇的商业综合体中演出，带动城镇中心客流，同时拉动消费。

文娱产业的附加值产出效果非常惊人，在创造性经济中扮演着举足轻重的角色。今天的中国，以音乐、文学、动漫、游戏、影视、偶像和粉丝文化等为代表的泛娱乐行业蓬勃发展，这些行业的发展，带动了演唱会、粉丝社区、桌游、舞台演出、偶像经济、电竞活动等商业行为，这些商业行为具有人群基础，可以说初具规模和影响力，需要集中落地转化和提升价值，而位于城镇中心的商业综合体无疑是最佳地点。文化娱乐相关产业的爆发取决于两点：一是宏观经济背景创造需求，二是微观产业结构创造供给。当泛娱乐遇到商业地产，只要有合适的土壤，无疑将引起巨大的爆发。

相比韩日而言，中国除了市场更大之外，还有自己独特的网络环境、支付环境和普及性的移动大屏终端以及近年来如雨后春笋般的商业地产项目。更大的特点是互联网背景下成长起来的一代中国人，他们从小就抱着QQ长大，他们认为手机就应该大屏幕、移动宽带百兆接入是天经地义，他们习惯了手机支付，敢于网络支付购买各种虚拟物品，习惯碎片时间刷视频而不是文字，他们习惯了高兴与不高兴都随时拍照分享，对喜欢或不喜欢的偶像、作品、影视都可以发表自己的观点。

消费者的成长环境变化了，习惯和需求也就变化了，新一代有了自己的特点：参与、发表意见、喜欢秀、喜欢分享。今天的90后已近30岁，80后已经实实在在成为社会消费主力。过去，中国的主流消费观念是“便宜”，后来是“性价比”，现在年轻人需要的是“有趣”。年青一代走出家门，走进商业综合体，期望体会的是“有趣、共鸣、可识别、能分享、参与感”，他们内心需要被唤醒，处处体现陪伴与共同成长。

对新一代年轻人而言，泛娱乐已经成为一种生活方式，带动着身边的一切悄然变化。这给商业地产带来了全新的理念、机遇与经营启发，千篇一律的商业地产如果结合IP、偶像、音乐等元素，就可以实现差异化，甚至主题化，“商业地产

+泛娱乐”的新思路、新模式、新方法具有无限可能。

根据泛娱乐的行业特点和实际需求，商业地产在功能设计和布局规划上，需要服务于剧场的音乐会和舞台剧的演出，以及演出过程中的直播与弹幕互动，各类粉丝互动社区，商业地产内部的“二次元微社区”活动、电竞赛事、Cosplay主题活动、互动影院等。同时，商业地产在集中落地的大型物业载体中，也给IP孵化、偶像经济、影视内容互动、粉丝经济周边产品，以及各类主题活动形成网上&网下联动而带来的“有组织流量”等各方面提供了新的模式、新的载体、新的方法、新的呈现方式。可以说，泛娱乐与商业地产是相互促进、相互拉升的，可以互为载体，共同探索新的商业价值转化。

本书通过多个角度呈现了泛娱乐与商业地产结合的数十个真实案例，分析了泛娱乐发展的现状与深层次需求和动机，不仅梳理了理论与商业逻辑，还提供了具有操作意义的方法，给泛娱乐与商业地产，以及资本领域的从业者诸多启发。本书是首次系统地整理泛娱乐与商业地产结合的专业著作。这本书的出版恰恰反映了社会和资本对泛娱乐与商业地产两个产业融合的高度关注，因此具有非常重要的意义。作为泛娱乐第一线的从业人员，我很高兴看到这本书的出版，同时希望通过本书，能够引导和启发更多商业地产项目的开发和改造，能够促进更多泛娱乐项目在城镇综合体落地，使泛娱乐成为引爆商业地产的核心竞争力。

杨垒

卓行股权投资基金合伙人

中樱桃娱乐联合创始人

推荐序（三）

再小的个体也是一个品牌。

这本来是微信的一个口号，却唤醒了我们心中沉睡已久的品牌意识。

品牌意识，正是一场觉醒。当这场觉醒汹涌而来，我们不禁意识到，这是一个巨大的资本风口！

比如，在注重城市景观建设的今天，许多地方都可以复制出一个西湖，但复制不了白娘子与许仙的浪漫故事。

对地产来说，原来IP才是真正的灵魂！

如果说3年前我们的商业注重硬实力比拼，那么今天，我们越来越注重软实力的提升。曾经，王健林在公开场合称“迪士尼不该来中国”。中国首富非但不看好迪士尼在中国的财务状况和前景，甚至还断定：只要有万达，迪士尼一二十年内盈利不了。旅游作为万达最新一次转型的重点发展产业，目前累计投入千亿元。而且万达还设立了野心勃勃的目标，王健林曾表示：到2020年，国内力争开15个万达城、国外力争开5个万达城。上海迪士尼乐园官方微博于2017年5月19日发布消息称，近日上海迪士尼乐园迎来第1000万名游客。此时距离开园只过了11个月，还不满一年。算下来，上海迪士尼乐园日均接待3万游客，是上海欢乐谷的6倍左右。而这背后，正是IP的力量。

持有许多经典IP内容，正是迪士尼的优势。充分利用优势，对经典内容进行全年龄化改编，保留独特风格，并把童话的真实感做出来，带到了周边环境，并为此建立了数个庞大的主题公园。在CG技术已经成熟的前提下，迪士尼甚至已经开始把这些童话改编成真人电影，每年新的电影上映后，就会相应地增加新的内容，2014年，洛杉矶迪士尼乐园加入了覆盖着冰雪的“冰雪奇缘”小屋，并且迪士尼在全球各地开辟了6个主题度假区，包含主题酒店、迪士尼小镇和一系列休闲娱乐设施，实现“全产业链”的开发。

在中国的狂飙式发展中，我们对漂亮的建筑与商业设施早已审美疲劳，而这背后的内容与故事才是吸引我们的主要动力。

新时代的商业环境中，IP的野蛮崛起符合全民提倡的这场文化热，文娱产业站在了红利风口，得到了飞速发展。但我们回到IP本身看，它更是一场知识与知识的无声较量，IP是有灵魂的文学产物，它在大时代下给予了我们一份无价的精神力量。

我很感恩有机会在这场文化竞争中扮演一个服务于作家、服务于知识的小角色，我也经常和朋友们探讨IP的过去、现在和未来。当看到好朋友周重润老师写完了《泛娱乐：引爆商业地产核心竞争力》这本书的时候，我惊喜这一作品的诞生。我们也一直在讨论核心IP如何通过泛娱乐地产来有效转化和实现务实的商业项目落地，如集中优势区域打造一个有流量的主题公园。

周老师本身是打造网红的行业专家，在网红经济运营方面有着足够的经验。如何将网红产业、IP 开发、粉丝快速变现有效结合，如何在泛娱乐的市场竞争中实现价值最大化，这本书会帮你找到一个答案！

IP“女王”吴凤未

IP 全版权管理专家

推荐序（四）

接到坎布里奇金英会主席周重润的邀请，为他的新书《泛娱乐：引爆商业地产核心竞争力》写序，我暂时放下手边的工作，结合自身行业发展的经历来回顾近年来泛娱乐产业在我国的布局和发展。

2017 年，全国各地的商业地产都有不同程度的衰退，与此同时，网红经济和直播产业却飞速发展，电商时代的崛起也让很多传统行业遭受到不同程度的打击。投身文化娱乐事业这么多年，我一直将创新放在自己的事业信念中，在困境中寻求突破，需要的不仅仅是勇气，还要有立足于整体布局的视野以及长远的眼光，周重润在他的著作中为电商影响下的商业地产和实体经济的再次兴起提出了一个具备可行性的思路，书中讨论了互联网发展趋势下的泛娱乐产业布局应以怎样的模式影响和改变国内商业地产行业，同时，泛娱乐产业布局在活跃区域经济、打造城市特色标签时有着怎样的引导作用。书中为投资者给出了以泛娱乐产业活跃商业地产经济的新思路，我们期待未来城市的文化娱乐产业可以通过雁群模式进行资源优化，将资本、政策、市场等各方面调和成一种共赢的平衡。

从周重润的著作中可见作者在泛娱乐产业布局对商业地产的影响方面有独到的见解，希望读者可以领会其思想和精神，而我们这些文化创业者则期待共同完成这场改变商业文化时代的泛娱乐布局。

徐淳

MJ 娱乐总裁

推荐语

当前，地产传统商业模式正面临着库存过剩、行业竞争激烈等一系列严峻问题，就其所处困境而言，如何把握泛娱乐化大潮，利用泛娱乐提升区域经济已经成为娱乐经济时代地产行业的首要任务。

——佰仕会创始人　陈方勇

我所理解的泛娱乐地产，就是指顺应时代要求，将商业地产和娱乐元素有机结合在一起，使其更加贴合当代消费者的消费观念，与当前消费市场进行有效接轨的一种商业模式。泛娱乐地产有效将自身项目的个性和亮点展现出来，是继地段、价位外，商业地产新的价值增长极。

——万科集团高级副总裁、万丈资本首席执行官　丁长峰

娱乐是人类的天性，特别是在经济飞速发展的今天，“娱乐 +”已是大势所趋。娱乐经济时代，商家成功的关键在于如何将行业和娱乐有效结合在一起。无论哪个行业，如果忽略了人们对于娱乐的基本消费需求，都很难在市场上取得一

席之地。对房地产行业来讲，同样如此。所以我认为，本书具有一定的参考价值，值得地产行业从业者仔细阅读。

——易居（中国）执行总裁、易居（中国）企业集团首席执行官

丁祖昱

IP一词，通过近两年大热的“IP影视”渐渐被人们所熟知，本书详细阐述了娱乐IP、文艺IP、活动IP和明星IP怎样一步步地影响消费结构、攻占消费入口，从而形成以IP为核心的产业模式。互联网极大地改变了中国人的消费习惯，刺激着整个市场消费模式的转变，OTA平台已经成为酒店最重要的分销渠道，可是最大的竞争对手难道不是整个OTA平台吗？酒店与IP的结合，是为了在品牌调性、运营体系、会员画像上贴上独特标签，在同质化竞争中寻找差异化的市场出路，构建自身的酒店流量IP，提升成交量。本书详细介绍了如何更好地结合热门IP优势、如何更好地孵化一个IP，在技术革新的当下，酒店如何进行营销思维革新，如何打造“星级之外的全新风向标”，以及如何在火热的流量争夺战中取得胜利。

——柏栎酒店CEO　华德明

在娱乐元素渗透到社会经济各个角落的今天，谁先巧妙地在自己的作品中植入娱乐基因，谁就能够成为市场的佼佼者。本书思路清晰，运用了大量案例，通俗易懂，是一本实用的好书。

——中城新产业创始人　刘爱明

现今我们的生活已进入互联网时代，我们所有的活动已与网络密切相关。传统商业也因网络正发生着翻天覆地的变革，如何顺应潮流趋势、贴近人们的需求，并引领和创造健康的新型商业模式，是每个商业地产开发商和商业从业者都必须正视的课题。重润先生就此进行了有价值的思考和探索，提出了以人们的文化和娱乐精神需求与物质需求相结合、线上线下活动相结合的泛娱乐商业地产模式，还就此进行了实际的践行。本书是重润先生思索和践行的结晶，不仅有理论基础，还有实操指南，对于商业地产的从业人士具有很强的指导性。

——朗基地产集团有限公司董事　刘锋

泛娱乐地产的兴起是时代发展的必然需求，我认为泛娱乐地产最根本的商业逻辑在于从打造核心 IP 入手进行相关产业布局，追求产业经济与区域经济的协同发展，最终实现流量的成功变现。这一点，与本书的观点不谋而合。

——地产达人　卢俊

社会经济的快速发展以及物质生活的日益丰富，使人们与生俱来的娱乐天性得到了充分的释放，娱乐元素开始蔓延到人们生活的方方面面。在这样的时代背景下，未来的地产行业，“地产＋娱乐”将成为一个主要发展方向。

——哥伦布商业集团董事长　孙旭东

能不能在市场上形成清晰的符号和差异化的形象，这才是被投资对象拥有的别人无法复制的绝对竞争力！周重润先生以广告人的独特洞察视角，用这本书打破人们对地产领域的固有认知，在IP热的时代，用更加理性的维度对提升商业地产竞争力的方式和方法进行了总结和探讨，站在浪潮之巅探寻新的方向，值得一读！

——原质资本创始人、十佳天使投资人　吴宗方

作为世界第二大经济体，崛起的中国正在快速、深刻地改写着全球经济版图。旧势力已然消亡，新世界正在形成。发展的浪潮中，万众欢愉的娱乐业与万民热议的地产业深度交融，彼此成就，呈现出一幅万马奔腾的盛大图景。周重润先生的新书，为我们描绘出一幅波澜壮阔的美景。却顾所来径，苍苍横翠微。

——金主投资/颜值公司董事长、陌陌早期个人投资者　叶国靖

本书所提到的“泛娱乐+文创+地产”的概念，让我想到了K11，它已经成为一个将艺术欣赏、人文体验、自然环保与休闲娱乐、生活服务融合得十分成功的商业综合体。无限创意、自由及个性化这三个词可以说概括了在城镇居民可支配收入持续增长的今天，人们所追求的精神层面的内容。尤其是当下成长起来的年轻人，网络的出现，让线上世界多了更多的信任、参与、分享、发言的空间，线上衍生出的娱乐内容也变多了，那么，人们不需要线下生活了吗？并不是，只是线下生活内容没达到人们的需求标准。本书全面阐述怎样将形散神不散的泛娱乐文创这种体验经济与商业地产相结合，怎样从传统销售模式转变为带有“互联网+”思维的流量经营模式，怎样将文娱产业更有效地集中落地，提升商业价值。

——蓝润集团总裁　杨晓初

作为一家新的TMT创业公司，也是在IP与网红经济的风口上等待被吹起的“猪”，有幸认识了周总，并拜读了周总这本《泛娱乐：引爆商业地产核心竞争力》，突然发现自己并不是在泛娱乐领域孤军奋战。IP一词，中国人生造的一个英文缩写，其含义，别说英语国家的人看不懂，就连发明它的中国人自己也搞不懂其具体含义。但是IP与网红突然闯进我们的生活，并和我们最关心的商业经济高度相关。本书让我们看到，移动互联网向我们展现碎片化、多样性、去中心化的精神诉求并自由链接，这是人类社会发展的必然产物，泛娱乐的风口已经打开，能不能被吹起，就看你的造化了。

——中财视讯文化传播有限公司 CEO　杨曦远

如果频繁来往于各个城市，很有可能发生的事情便是：一觉醒来不知身在何处。一样的高楼，一样的商业中心，一样的广场，一样的马路，一样的街道，甚至消费的商品和餐饮都是全国或者全球统一的……在追求全球化、产业化的时代，我们节省了成本，获得了高额利润，但也丧失了个性和内涵，这正是今天提倡IP的价值所在，有没有IP属性也是衡量一个项目的关键指标之一。周重润先生这本书的问世非常及时，也为投资人在项目评估方面提供了系统的策略性意见。

——陌陌、映客投资人　郑刚

对有的人来说，这是最坏的时代，因为靠粗放打拼出来的商业帝国可能一夜之间就会覆灭；其实，这是最好的时代：那些以人为本、注重IP与延伸而又走心经营的商业品牌，越来越受到大众的认可与尊重，随着IP市场的成熟，他们所能获得的回报远超以往任何时代。所以，在商业领域，打败你的不是你的对手，而是时代。时代把IP这把金钥匙交到我们手上，但是如何利用呢？相信你会在周总这本书中找到答案！

——前 PPS 创始人　张洪禹

在娱乐经济盛行的今天，如果不对消费者的娱乐需求予以重视，那么，将很难在残酷的市场竞争中谋求一席之地。因此，无论未来地产行业走向如何，至少有一点是可以肯定的：泛娱乐基因的融入正在对整个商业地产行业的面貌进行重塑。对此，本书的一些观点或许能够给我们带来一些启示。

——中交房地产集团副总经理　周济

自 序

我国房地产业经过20多年的强势发展，在近几年（特别是2017年）遭遇了前所未有的压力测试。

商业地产处境艰难：外有电商群狼的围攻，内有激烈的同质化竞争。门可罗雀的综合商场、比比皆是的门面转让，让地产开发商不得不冷静下来。

转型是实体经济脱离困境的一个方法，但转型不可盲目：朝着什么样的方向发展？有哪些可借助的资源？具体该如何做？扑面而来的问题，若不能一一破解，那就是“转型找死”。

“双创”时代给我们提供了一个新的思路，全国各地都在创新创业，政府主持修建了很多产业园以实现创业孵化。依据消费者的消费行为和习惯，培育和孵化泛娱乐产业、文创产业是一条契合实际的产业培植之路。在被电商低价策略裹挟的时代，发展传统实体经济和商业，只能依靠有吸引力的内容，靠IP和流量。

生活中人们讨论最多的就是明星、网红和新鲜事物，将这部分有共同兴趣点的消费者聚集到一起就可以形成一个强大的消费群体，这便是我们发展地产的一大动机。泛娱乐产业融入各行各业已经是必然趋势，它将成为拯救低迷的实体经济的一剂良药。

提及泛娱乐产业，IP是绕不过去的话题，IP将人流量带入产业形成关注度和消费，有了流量，区域经济自然被盘活。再看一下这几年蓬勃发展的网红产业，已经不可小视，该产业的产值甚至超过电影产品，且仍在不断增长。

因此，IP和网红的结合将成为泛娱乐产业孵化的内容。泛娱乐地产则可结合特色区域这一概念，在一些交通便利、基础设施完善的城市周边打造泛娱乐小镇，包括IP主题公园。整个泛娱乐地产将分为几大板块。

首先是红人产业，即红人电商、红人经济、主播、艺人经济，将这一产业大规模融入商业地产，集中配置和帮扶，同时将红人产业周边的配套带起来，例如美容、整形、摄影、艺人培训、健身，通过产业及产业周边带动商业地产或者区域经济的发展，从而自然形成了产业聚集高地和城市特色标签。不仅为政府培植了产业，带来税收，而且有利于开发商提升楼盘的租售能力和价值。

其次是明星产业，包括明星餐厅、品牌体验店、明星二手商品店等等。将这部分内容全部植入泛娱乐地产，通过明星自身的影响力把各自的粉丝聚集起来，从而拉升区域的人气和流量。潮人聚集地自然能吸引很多消费者前途。

最后是IP主题公园，任何娱乐IP、文艺IP、活动IP都是非常不错的选择。将这些IP植入地区的商场、酒店、公园，利用IP的粉丝效应提升客流量，形成具有特色的主题公园、主题游乐场、主题酒店。

打造泛娱乐地产，我们借鉴了雁群效应。以核心内容带动产业的聚集，形成区域特色标签。这样的产业设计，我们准备在上海、青岛、厦门、丽江等地区先进行布局，在杭州我们已经建设了一个蒲公英泛娱乐小镇，确实产生了不错的效果。那么接下来在其他地区进行泛娱乐产业打造，依托当地的资源优势，相信将获得消费者和业内人士的肯定。

作为互联网发展趋势之一的泛娱乐，是很多互联网公司不会忽视的重要战略。早在商业地产融入泛娱乐产业之前，各大互联网行业巨头就已经在布局相关产业。它们领跑了整个泛娱乐产业，也给行业带来有效的价值。

网络虚拟经济与实体商业不断结合的过程中也碰撞出了令人意想不到的结果，商业地产结合泛娱乐产业的发展能否带来一定的价值改善实体经济低迷的局面，将由时间来验证。

就当前商业地产陷入的困境而言，如何利用泛娱乐提升区域经济？针对这一问题，本书进行了详细的分析，共分为两大部分。

第一部分主要介绍商业路径，审视国内商业地产整体环境和发展现状，提出介绍泛娱乐地产这一新思路的原因、背景及其价值特点。

第二部分是对在第一部分的理论基础上进行场景化实践的记录，重点介绍了商场、酒店、游乐场、公园这四大场景如何与泛娱乐产业相结合，抢占新的消费入口。

本书中有策略也有方法，希望能给迷茫的从业者带去新的思考和新的方向，也为布局泛娱乐产业提供有意义的指导。

现阶段，泛娱乐产业还未能左右商业地产整体的发展，最先洞察到商业机遇的从业者必将占有优势。泛娱乐地产的发展虽然还未成熟，但是相信经过时间的打磨和经济的发展，定能呈现出其中的价值。

周重润

2017 年 10 月

目录

PART 1 商业路径：文创产业的发展机遇

PART 1

商业路径：文创产业的发展机遇

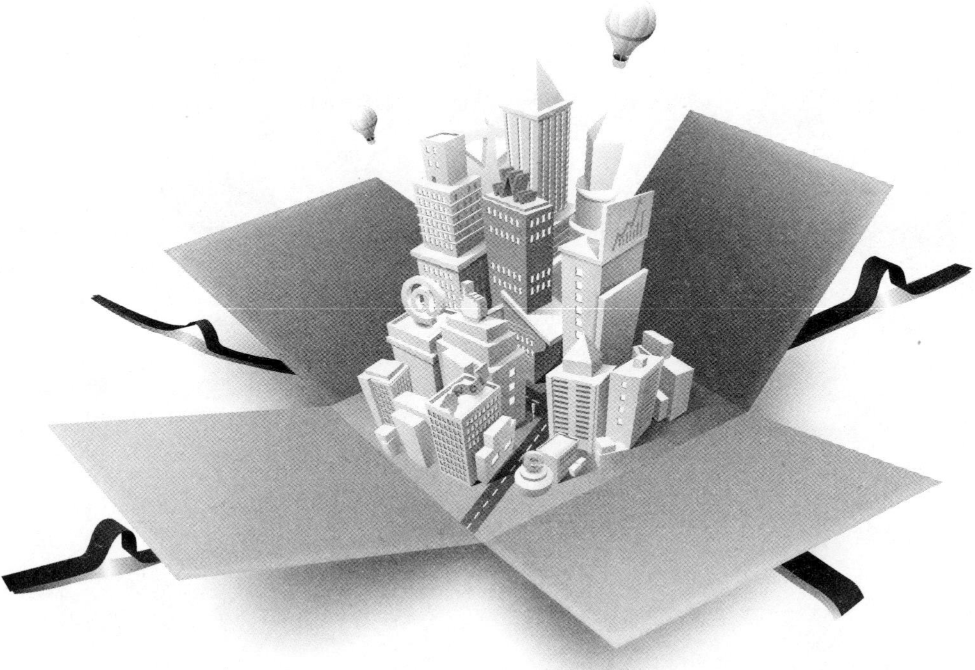

第一章

人气在哪里，市场就在哪里

商业地产与娱乐产业之间有一个共同点：都需要旺盛的人气。所以，我们经常会看到，某个商业地产奠基或开盘、开业高价邀请明星出席，借助其知名度拉动地产项目的人气。这是传统做法，现在，商业地产与娱乐产业之间形成了更深的契合——泛娱乐地产。

商业地产的核心是人

在房地产行业飞速发展的时期，商业地产市场曾经风光无限。那时只要在黄金地段有一间商铺，基本相当于家里的“小金库”，“一铺富三代”之类的宣传语也极具吸引力。

经历了一段时间的高速发展，最近几年来，很多商场的人流量减少，商业氛围整体陷入萧条，店铺频繁转让，甚至长期空置。2015 年，一线城市的商业空置体量达 342.9 万平方米，空置率达 7%；二线城市的商业空置率达 21%；三线城市情况最严重，空置率高达 28%。

商业地产步入了寒冬，这些变化与电子商务的推行有很大关系。

据商务部统计，2016 年我国社会消费品零售总额为 29.7 万亿元，同比增长 10.4%。其中，线上零售额为 5.2 万亿元，同比增长 26.2%。显然，线上零售额的增速远远高于线下。

就连以往那些只能在商场里买到的高端商品，近年来也可以通过跨境电商网购。据统计，2015 年，进口电商市场交易规模达 9 000 亿元，同比增长 38.5%；2016 年，进口跨境电商交易规模达 1.2 万亿元，同比增长 33.3%。预计今后几年，将会持续在 30% 左右的增长。

电商的兴起抢走了线下商场的大量客流，最明显的一点就是不少实体服装店演变成网店的“试衣间”。商业地产由此走上了下坡路。

据中国商业联合会统计，2016 年上半年，全国百家重点大型零售企业零售额累计同比下降 3.2%，增速较去年同期回落 3.8%。在 2016 年第一季度的 45 家上市百货公司中，38 家的营业收入下滑。

华堂商场是北京著名的大型商场之一，在京城拥有不错的口碑和人气。然而从 2011 年起，华堂商场陆续关闭五棵松店、望京店、北苑店、西直门店、右安门店等，成为实体店败退的一个缩影。

为何出现这种局面？一方面是电商分流了商业地产的销售，另一方面是开发商的疯狂投资，导致商业地产（尤其是购物中心）严重过剩。

事实上，电商分食、产能过剩只是外患，并不能从根本上打垮商业地产，真正具有威胁力的是商业地产自身的内患，即重开发轻运营、重扩张轻经营、重增量轻存量。商业地产往往是开业容易运营难，最终业态和品牌高度同质化，千店一面，空置率高，人流量少，导致利润寥寥。

因此，商业地产运营急需新思维、新玩法，但无论采取何种破解之法，都需要基于消费者需求。商业地产的核心不是地产，也不是商业，是人。

既然商业地产的核心是人，就需要研究当下消费者的变化。麦肯锡一份关于“中国消费行为变化”的调查指出：中国消费者不断变化的消费行为中，一个不同寻常之处是他们将购物作为娱乐的热情，家庭将购物之旅转化为在商业街或大型商场的玩乐之旅，约有73%的人表示他们将消费视为一种休闲活动，这就释放了“体验式消费”和“内容为王”主题商业的信号。

坐落于常州的万达金街商圈，开业以来生意火爆。

顾进炜是恐怖片爱好者，酷爱吸血鬼主题电影，最喜欢的电影是《暮光之城》，因此他开了一家暮光之城主题吧。在开这家店之前，顾进炜从事餐饮行业，具有一定经验。主题吧选在常州万达金街商圈，开业以来生意火爆。

为使小店的吸血鬼主题更鲜明，顾进炜没少花心思，从网上找了大量图片参考，一边和工人商量一边改进，整体风格神秘而复古，灯光映衬下更显出鬼魅异常。

除了独具特色的环境设置，暮光之城主题吧按照A、B、AB、O四种血型命名调制的独特血色饮料也很受欢迎。

每款血型鸡尾酒盛放容器都不同，配方不同，自然也有不一样的味道。店里售卖的血袋饮料更是吸引了大批吸血鬼粉丝。

顺着暮光之城主题吧的思路，扩展到商业地产，会是什么情况呢？

漫步在天津大悦城的骑鹅公社时，你会发现处处有惊喜。角落里的小青蛙、墙壁上的人物涂鸦、脚下笑脸图案的井盖，点点滴滴，透露着来自生活的创意。

“骑鹅狂欢节”“骑鹅好青年”“神马鹅都耐”“鹅的女神”……精彩活动不断，集徽章、送胸针等年轻人推崇的精致体验强化了品牌调性，增强了顾客黏性，利用开放空间连续推出“插画师展”“声音表达展”“私藏摄影展”“球迷藏品展”等中小型展览，文艺氛围也笼络了更多年轻人群，确保了项目活力。

骑鹅公社位于天津大悦城五层，原本是一块“不良面积”，如今成为个性鲜明、坪效高的特色业态。骑鹅公社开业首年的日均客流量达到8 000人，节假日突破1.5万人；首年月销售坪效达到5 000元，远超市场同类店铺的收益水平。除此以外，骑鹅公社还有效提高了天津大悦城整体客流量和品牌媒体曝光量，拉动全馆客流增长10%。

骑鹅公社引入泛娱乐概念，品牌理念源自著名童话作品《尼尔斯骑鹅旅行记》，以奇幻、冒险、旅行和自我成长为主题，是应对购物中心同质化竞争的一次创新。其独特的定位设计理念，助其获得了 ICSC 国际购物中心协会创意概念设计金奖提名。

伴随中产阶级财富和品味的提升，未来功能性的消费越来越便捷，线下商业地产唯一能与线上竞争的是“体验”。“微信之父”张小龙曾在演讲中说：什么是产品体验？总结一个字就是“爽”，两个字是“好玩”。

张小龙说的是互联网产品，但移植到线下商业地产依然适用。能让顾客觉得“爽”、觉得“好玩”的地方，何愁铺面不好招商、租金上不去呢？

娱乐是人类的天性

从古至今，娱乐在生活的方方面面随处可见：我们推崇寓教于乐，我们提倡劳逸结合……

在商业地产中，娱乐渗入的迹象也是越来越明显，它直接变现为消费者的购物体验。传统商业地产主要是以产品和地段为主，而在娱乐化的时代，商业地产更加注重体验。让消费者在购物消费时打破传统的商业模式，身处全新的消费氛围，产生视觉、听觉、嗅觉和触觉的多元化体验。这种多元化的娱乐方式正是商业地产日后发展的重要方向。

不少商业地产改变了以往商业地产经营的黄金比例，取而代之的是娱乐业态比重的增加。娱乐项目可增加 20% 的客流，因此其开始在商业地产中可以扮演重要的角色。

2013 年 4 月，北京朝阳大悦城举办了“愤怒的小鸟”大陆首次特展，将当年最火爆的手机游戏“愤怒的小鸟”搬进商场。该展览以“愤怒的小鸟太空版”为背景，观众可以在现场进行游戏互动。众多手机游戏爱好者赶来现场，当日商场的营业额提升了36%。

2016年8月，广州天河城举办了“马达加斯加萌兽大咖秀”主题展览，吸引了大批动画电影的小粉丝及其家长。活动当天，商场核心观景区布置了电影中的20只萌兽，通过控制静态角色的表情和肢体，增强与观众的趣味互动，观众与主角们开启了欢乐之旅。在这次主题活动期间，天河城的营业额提升了67%。

这些商场的做法为实体店引流做出了新的尝试，同时也为商业地产运营提供了新思路：植入娱乐元素，把情景营销作为重点考量的营销方式，充分发挥实体店的优势，为互联网时代的顾客提供更新奇的体验方式。

当前传统商业地产发展萎靡，库存量大，很多地方存在黑洞，人流量少。人流量对商业地产是刚性需求，那么如何获得流量，参照现阶段消费者的消费习惯及趋势，培育和孵化泛娱乐产业是首选。

泛娱乐产业对拯救实体经济可谓是一剂良药。IP（intellectual property，知识产权）的本质是“经过市场检验的可以承载人类情感的符号”，应用在商业地产中，能够吸引消费者进入商业区域，形成关注和消费，在带动商业地产的同时增强区域经济的活力与竞争力。

泛娱乐地产引领消费时尚

泛娱乐基于互联网与移动互联网而共生，打造明星 IP 的粉丝经济，其核心是 IP，可以是一个故事、一个角色或者其他任何群体喜爱的事物。

泛娱乐地产将自身定位于娱乐主题衍生物的线下推广载体，而传统商业地产则只简单地扮演“卖场”的角色。泛娱乐地产更强调对生态圈、粉丝群的营造，并拥有通过多种手段盈利的点，传统的商业地产则总是陷于“卖货 + 收租”的窠臼。正是二者在自我定位和盈利模式方面的巨大差别，造就了泛娱乐地产在引领消费时尚方面的突出表现。

泛娱乐地产对消费的引领，不仅体现在其对泛娱乐型业态消费需求的高效引领方面，也体现在其对引领消费的内在逻辑的重塑方面（见图 1-1）。

1. 中产阶级为泛娱乐地产消费提供了需求

在消费方面，主力消费人群中产阶级消费者的关注点早已不再局限于产品本身，而是扩展到了消费体验，泛娱乐地产中的各

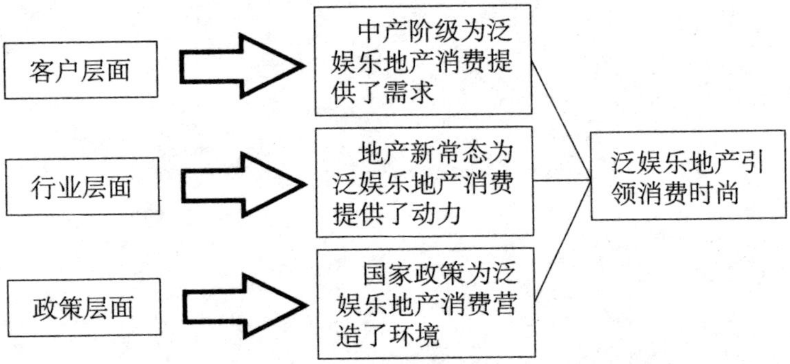

图 1-1 泛娱乐地产引领消费新时尚的内在逻辑

类业态正好契合了消费者的“高级”需求。

2. 地产新常态为泛娱乐地产消费提供了动力

中国经济已经呈现新常态：速度从高速增长转为中高速增长，结构不断优化升级，动力从要素驱动、投资驱动转向创新驱动。

身处其中的商业地产也表现了新常态，需要不断创新和转型升级。在城镇化建设持续深入的大背景下，中国商业地产的发展规模早已跃居世界首位，但是与庞大的投资规模形成鲜明对比的是商业地产种类高度雷同，“千人一面”的业态必然会引发激烈的市场竞争。

泛娱乐地产的出现，适应了消费新常态。首先，无论是在目标人群还是消费形式方面，泛娱乐地产都与传统的商业地产有所不同，这样就能改变商业地产行业的整体面貌——以差异化竞争取代同质化竞争。其次，在地产业态的建设以及经营策略方面，泛娱乐地产也与传统的商业地产有着较大的差别，这样就使得泛娱乐地产成为整个商业地产中新的细分领域，在执行层面避开了重复建设的痼疾。

3. 国家政策为泛娱乐地产消费营造了环境

中共十八大报告明确提出了创新驱动型的发展战略，政府也在《国民经济和社会发展第十二个五年规划》中单独对“推进文化创新”做出了阐释。可以说，从政策层面上看，文化产业必将成为未来国民经济的支柱性产业。

在过去的30多年间，我国社会主要矛盾一直停留在人民物质文化需求和社会生产力之间，到了十九大，党对社会主要矛盾进行了新的判断。十九大报告中指出，我国社会主要矛盾已经转化为人民日益增长的美好生活需要和不平衡不充分的发展之间的矛盾。

矛盾的转化意味着人民对物质文化方面有了更高的需求，同时对文化领域的发展也有着重要的意义。为了给人民提供丰富的精神文化食粮，解决社会主要矛盾，必须推动文化产业的快速发展，不断完善和健全文化产业体系，同时创新生产经营机制，培育出新型的产业业态形式。

十九大报告中的论述将文化产业在社会中的作用和地位推向了一个新的高度，这无疑是给泛娱乐地产的实践发展指明方向，创造机会。

第二章

破局：泛娱乐地产的商业逻辑

商业地产的竞争环境在恶化，经营难度加大，空置率上升，部分项目租金收益降低。商业地产的种种问题并不意味着商业地产没有未来，而是需要转型。商业地产的逻辑与打法必须革新，革新的路径不止一条，但无论走哪一条，都必须从消费者需求出发。

转型：不做温水里煮的青蛙

房地产行业辉煌了20多年后，终于从黄金时代迈向了转型时代。对商业地产来说，面临着人们消费升级的挑战和攻势猛烈的电商的挑战。

转型成为摆在房地产企业面前的一道难题，能否破解关乎企业的生死荣衰。转型时代的焦虑是可以理解的，但只有焦虑还不够。焦虑之余需要努力读懂这一趋势，继而顺应趋势。商业地产向更多领域扩张就成为必然，其中通过泛娱乐“加持”的泛娱乐地产，为迷惘中的商业地产打开了一扇窗户。泛娱乐和商业地产融合，不仅能在短时间内改变商业地产的外在呈现，还能在未来改变商业地产的经营思路（见图2-1）。

1. 传统商业地产公司转型

泛娱乐地产丰富的内涵让传统商业地产公司所开发的业态呈现出多样化、创新化的特点。

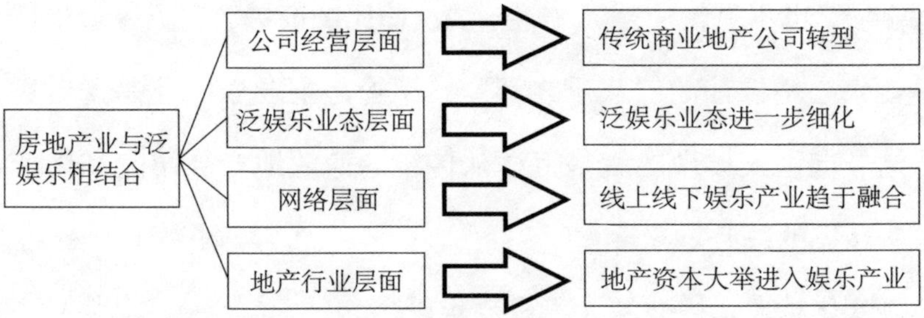

图 2–1 商业地产与泛娱乐相结合所产生的神奇效果

2016 年 5 月 28 日，南昌万达城正式营业，这也标志着万达集团自 2013 年 4 月以来启动的第四个大型旅游项目落地完成。相较于广为人知的迪士尼度假区，南昌万达城更像是一个“旅游 + 商业”的综合体。因为南昌万达城的经营实体种类广泛，包含了超大型的购物商场——“万达茂”、巨型室内外主题乐园、高端舞台秀以及酒店群、酒吧街等。其中最具特色的是室外主题乐园和室内主题乐园的无缝结合，这种结合被王健林视作万达城的一项创新。

根据万达的规划，在南昌万达城开业之后，合肥万达城、哈尔滨万达城、青岛东方影都、广州万达城、无锡万达城等泛娱乐业态将相继开业，第 11 个万达城——桂林万达城也将于近日开工。除了国内，万达还将开拓国外市场，中期目标是在 2020 年前在国内开设 15 座、在国外开设 3~5 座万达城。

很明显，万达城的业态绝不是传统商业地产中办公区密集的写字楼，也不是街边毫无个性、鳞次栉比的商铺，它更像迪士尼，是让人心驰神往的“欢乐之都”。不管是主题乐园还是舞台秀，万达城向世人展现的就是万达从传统的商业地产公司向文化产业巨头转型的决心。

变化越大，挑战越大，机会也越多。

2. 泛娱乐业态进一步细化

泛娱乐中的“泛”字，不仅点明了这项产业的广泛性，也揭示了受众的广泛性。当商业地产与泛娱乐结合，必然要对自身的业态做出进一步的细化。例如可以在保持原来“大而全”的特性基础上，开发出一些“小而美”的业态，让泛娱乐产品更为精准地取悦消费者，从而拉动商业地产乃至区域经济。

恒大院线作为恒大文化产业集团的重要组成部分，一直以来遵循着“统一品牌、统一排片、统一经营、统一管理”的运营精神，以恒大集团的住宅项目、盛业综合体项目为依托，力图开辟一片国内院线管理的新天地。第一批投资在建的影城项目已经覆盖了四川、海南、安徽、陕西等 17 个省。

和以往大部分院线更多地分布在城市中心不同，恒大院线将自己定位为“社区型院线”，希望将巨幕、3D 等先进影视技术零距离地引入社区，组建“家门前的五星级影院”。

"家门前的五星级影院"，这一招可谓"前无古人"。一直以来，地产界都认为将影院设立在人流密集的商圈中心才是正道，社区的人流量有限，不足以支撑起庞大的消费。但如果深入地考察，就不难发现恒大这么做的原因，随着人们生活水平的提高，对观影体验的便捷性需求会越来越高，恒大院线将影院引入社区正是对泛娱乐业态进一步细化的表现。

3. 线上线下娱乐产业趋于融合

作为泛娱乐产业的重要组成部分，直播、短视频、网剧等业态与地产相结合，不仅能让这些业态内容的制作集约化、专业化，而且能为这些线上的泛娱乐业态在线下创造更多的发展机会。这样就有利于泛娱乐产业线上线下的融合式发展。

2016 年 10 月，曾经成功运营过 W-club 时尚俱乐部的"誉峰遇见"宣布，"誉峰遇见"将携手滚石移动前首席执行官李敬在成都创建一个"明星梦工厂"——VV-space。

有别于以往全民参与的选秀模式，VV-space 将会设立一百间角色定制的公寓，入驻 100 位通过海选筛选出的形象佳、才艺好、粉丝数超过 10 万的时尚人气主播。他们会在入驻 VV-space 后，和李敬团队合作，共同策划出基于网络传播的、品质上乘的娱乐内容，其中包括网剧、MV、电影短片等，力图为广大网红打造一个真正的时尚明星发展的舞台。

“誉峰遇见”的明星梦工厂，让线上的网络娱乐产品呈现和线下的网络娱乐产品制作自然而然地融为了一体，并赋予了原本对于用户毫无意义的创作环境以新的价值，让创作场地成为用户与创作者在线下互动的新纽带。这样做既建立了泛娱乐资源线上、线下的联系，也大幅提升了该商业地产的整体价值。

4. 地产资本大举进入娱乐产业

房地产公司一向不缺乏敏锐的商业嗅觉，当泛娱乐与房地产相结合产生了发展和盈利机会之后，必然会吸引更多的房地产公司投资泛娱乐。而这些资本或直接或间接的进入，反过来又会促进泛娱乐地产的发展。

2016 年 10 月，新华联控股与博纳影业集团在北京签署长期合作框架协议，出资 1.5 亿元，与博纳影业集团在影视院线方面展开合作。博纳 A 轮融资之后，新华联又成为博纳影业的股东之一。据博纳内部高层透露，未来博纳影业新建院线都将与新华联一起运作。

转型是时代赋予的一个重大命题。给房地产植入泛娱乐基因，正在重塑着商业地产行业的面貌。

人气在哪里，市场就在哪里，所有传统地产企业如苔藓石头上的青蛙——不往上爬就会往下滑。以后，不具备足够的文化与娱乐元素的房地产公司将很难生存，三五年后商业3.0时代到来，将更加难有作为，而大胆拥抱泛娱乐的商业地产公司将会品尝到转型成功的甘果。

当商业地产遇上超级 IP

2016 年，我国经济运行平稳，结构持续优化，金融市场稳定发展，服务业发展态势良好，批发和零售业、住宿和餐饮业发展良好，新型城镇化与区域经济一体化加速推进，宏观环境有利于商业地产长远发展。

市场在调整中变化，蕴含着生机。从商业地产市场表现来看，供需情况整体较 2015 年好转。从土地市场表现来看，一线及热点二线城市需求旺盛，三四线城市以去库存为主基调。2017 年，商业地产进一步向一线及二线热点城市集中，行业及市场集中度的提升加剧了竞争。

新的挑战会形成市场的新格局、新特点。根据不同城市市场特点及变化，打造特色产品、实现错位竞争将成为发展趋势。

“开发商最大的压力来自于投资后大量物业的库存。”阳光 100 集团常务副总裁范小冲说，因为开发商本身的资金成本很大，如果租金不能超过资金利息、物业不能很快变现，开发商压力巨大。

在这些压力下，商业地产开发商纷纷谋求“出路”。将泛娱乐 IP 和商业地产相结合，是商业地产价值链延展和消费者重新认知商业地产的新出路。对商业地产来说，植入超级 IP 至少有以下三个看得见的好处。

1. 自带流量，迅速引爆地产项目

如果是自己喜欢的歌手开演唱会，很多人会不辞辛劳赶去现场。超级 IP 总是自带流量，在哪里出现，哪里就会成为一枚散发磁力线的磁石。

前面我们说过，IP 可以是一个故事、一个角色或者其他任何拥有大量用户喜爱的事物。比方大家喜闻乐见的表情包卡通人物，都是非常有价值的 IP。

2016 年 8 月，韩国卡通品牌店 LINE FRIENDS 在南京凯瑟琳广场开业。当天吸引了约两万人前来观看，年轻女孩最爱的是跟店内高达 3 米的布朗熊合影。临近打烊时，店外还排着长长的粉丝队伍，店员只好耐心将他们“劝退”。打烊后，店铺的落地玻璃窗外依旧徘徊着不少朝里张望的人。

LINE 是韩国于 2011 年推出的一款即时聊天软件，其“聊天表情贴图”在微信等聊天工具中广泛传播。馒头人、可妮兔、布朗熊和詹姆斯（见图 2-2）……这些呆萌的表情图在各地拥有很多年轻粉丝。

南京凯瑟琳广场的管理方表示，LINE FRIENDS 的

图 2-2　馒头人、可妮兔、布朗熊和詹姆斯

入驻能提升广场的文化竞争力，撬动广场的整体经济，并带动整个鼓楼商圈的发展。

南京的 LINE FRIENDS 开业当天吸引约 2 万人，上海的 LINE FRIENDS 最高的日营业额更是高达 200 万元。之所以火爆，是因为 LINE FRIENDS 旗下的各种表情图积聚了大量粉丝，将这些高人气内容融合到商业地产中，可以迅速、有效、低成本地吸引流量。

泛娱乐地产打造 IP，是基于部分人群对某一内容有相同的认同感，只要抓住这一小部分拥有相同价值观和认同感的人，就能快速把握住流量入口，实现 IP 价值的消费转化。

有了精准、忠实的种子用户，再结合项目的宣传，在种子用户的基础上能够快速覆盖更广泛的人群。覆盖面积不断扩大的同时，可以继续沉淀一批忠实粉丝。如此循环下去，让粉丝转化成消费者，或者让“路转粉”之后再转化成消费者，为项目带来源源不断的稳定流量。

2. 自带话题热度与营销力

IP 除了自带一定的粉丝基础，还具备一定的话题热度，这个话题热度等于自带了营销力。但并不是每一个 IP 都自带话题热度，很多 IP 都不具备这样的价值。

面对同质化严重的商业地产市场，任何一个地产项目从最初的招商宣传到后期的推广运营都在强调品牌。在招商环节，强调某一大品牌入驻，借助品牌的影响力吸引更多商家的目光。做活动促销甚至是宣传推广时，也都是借助品牌的势能吸引消费者。

我们经常会看到，很多商业地产在招商时会拉出一条红色的横幅，写上“欢迎 ××× 品牌强势入驻”等信息。这就是传统商业地产借助品牌的影响力招商引流的方法。而自带话题价值的 IP 与此截然不同，就比如超级 IP《深夜食堂》。

《深夜食堂》在日本有着良好的口碑，同时也积累了大批粉丝，甚至在我国也深爱很多观众的喜爱。当中国翻拍《深夜食堂》的消息传开之后，这个日剧IP就迅速获得了国人的关注。

国产剧《深夜食堂》自带吸睛体制和话题性，从开拍到上映，很长一段时间内都成为人们谈论的话题，任何一个与其有关的消息都能成为观众的谈资。就连很多不了解《深夜食堂》的群众，在中国版还未开播前，纷纷先去了解原版内容，一时间《深夜食堂》这一超级IP成为大众的关注点（见图2-3）。

图2-3 《深夜食堂》视频截图

和传统商业地产不同，泛娱乐地产打造的核心IP是以人为中心来运营，而传统商业地产模式是以产品或者品牌为中心。泛娱乐地产打造的IP是直接面向忠实粉丝，并不需要借助某一产品吸引流量。

IP 本身具有一定的话题性和营销力，只要能和粉丝之间产生情感上的共鸣，同时受众也乐于分享这种情感，那么塑造的 IP 就能长久地运营。泛娱乐地产也可以借助一些优质成熟的 IP 的影响力深入发展。

3. 增加黏性，形成重复消费

传统的商业地产的娱乐项目并未根据特定消费群体设计，即便有部分娱乐项目，也比较杂乱，没有统一的调性，难以形成用户黏性。泛娱乐地产有明确的定位，根据核心内容为消费者量身定制，能将消费体验做到极致。这种单纯围绕某一群体设计的活动，显然更容易引起消费者的关注与认可，进而增加黏性。

传统商业地产的基本功能是物质消费，其增值会遭遇瓶颈，而且受地段的影响较大。泛娱乐地产从消费心理入手，让消费者在满足基本的物质需求后还能在潜移默化的氛围中感受身心的愉悦。泛娱乐丰富了商业地产的功能，满足了消费者更多需求，如景色观光、娱乐体验，因而可以使商业地产在激烈的竞争中吸引更多客源，在泛娱乐化的消费中进一步提升产品的价值，实现整个商业地产综合价值的飞跃性提升。让不动产动起来，是商业地产经营的宗旨。

很多商场吸引消费者的手段局限于打折促销活动，却不知此类引流手段已经无法成功吸引消费者。现代社会，娱乐占据人们生活的大部分，相比打折优惠活动，一些文化演出、游戏等娱乐项目对消费者更有吸引力。但要想谋求消费者数量稳定增长，还需要不断升级创新出更多有趣的娱乐项目。

杭州宋城主题公园毗邻杭州著名的风景区——西湖。宋城人气火爆，带动了周边的房地产开发。宋城的负责人表示：只有满足消费者喜好和需求的娱乐内容才能增加他们的黏性，从而增加流量。宋城经常举办一些娱乐活动，不仅能让游客感受到丰富多彩的消费体验，更易产生共鸣，而且能加强互动，起到引流作用。

增加辨识度，让消费者主动找你

传统的商业地产总是试图满足更多人的更多需求，这种大而全的商业综合体带来了消费上的便捷，一度受到了大众的追捧，但当更便捷的消费方式——电商普及之后，传统大而全的商业综合体的另一面就突显出来了：没有个性与特色。

泛娱乐地产不打算“讨好”大众，它只是满足某一部分精准的小众“粉丝”。

移动互联网时代的信息技术，使小众品牌的精准化战略成为可能，互联网为企业提供了更广阔的销售平台。过去，一些小众品牌的实体店只能被经过门口的一部分消费者发现，这些人如果觉得小众品牌的风格不适合自己就不会进店。客流不足，小众品牌实体店的生存难免陷入困境。

区域限制是传统商家的软肋，消除限制往往要付出很高的成本。而在互联网上情况就完全不同了，互联网打破了信息时空的限制，企业面对的是极为广阔的消费者，某种产品或服务即使大部分人不喜欢，只要有一小部分人认可，该小众品牌就能生存。

重庆煌华新纪元购物广场的“英雄联盟”游戏主题餐厅自开业以来生意非常火爆。约 1 米高的英雄人物德玛西亚·盖伦拄剑站立餐厅门前，霸气十足。两名服务员身着游戏英雄人物“皮城女警”服装，引领顾客走进餐厅。

餐厅按照游戏地图划分，将大厅装修成德玛西亚地图上、中、下三路。靠窗的卡座装修成游戏地图中的草丛，卡座与卡座间都用植物盆栽区隔，门柱展柜摆放着各种游戏中英雄人物的手办模型，几十张手绘的英雄画像浮于吧台顶上，墙上挂有两把男女英雄的猎枪，屋内还有古老的灯具和摆钟……

最里面的环形包房似一条大龙（游戏中的野外 boss）模型在草丛中，等着“英雄”前来将它消灭。跟游戏中一样，进入大龙所在的地方还必须带足人手，大家齐心协力才能“消灭”大龙。

到店的顾客不仅能喝到红、蓝“药水瓶”，还能吃到美味的英雄人物菜肴。

马云曾经表示，未来的世界将是小而美的。事实上，所谓美，就是要学会创造自己独特的辨识度，从而为顾客营造不一样的体验，获得顾客的认同和青睐，只有这样，才能在残酷的市场竞争中生存下来。做小众，一定要记住，我们可以平凡，但一定要特别。找到一个小众突破口，为自己贴上个性的标签，让自己与众不同，让顾客在第一时间发现你。

有这样一句话“网络使地球变小，使人的世界变大。”互联网的诞生缩短了人类的空间距离，缩短了信息传递的时间，让世界“变小”，成了地球村。互联网又创造了各种各样的产业、文化和新兴业态，使人类经济发展发生了巨大变化，让世界蕴藏的发展潜力越来越“大”。

郭敬明在接受媒体采访时曾经表示，他在挑选签约作家时，主要看这个人的作品的辨识度（即个性与特色），也就是看他的东西是否有人写过，是否有人写得比他好。在郭敬明看来，个性与特色远比这个作家写得好坏、是否拿奖重要。放眼中国文坛，无论是金庸、张爱玲还是莫言，他们的文字个人风格都极为浓郁，很难被超越。事实上，不仅仅写作如此，商业地产也是一样，在这个同质化严重的时代要想突围，就必须要为自己贴上特有的标签，为自己增加足够的辨识度，从而吸引目标客户主动上门。

著名战略管理学家、被誉为竞争战略之父的迈克尔·波特这样定义差异化战略：企业通过独一无二的产品和服务直接将自己和竞争对手区分出来，在顾客中留下不可替代的印象和地位。

因此，给商业地产植入娱乐文化，玩的就是特色，就是差异化，给自己设计一个与众不同的印记。从茫茫人海中寻找到顾客不容易，但是反过来，通过某个点甚至某些点将自己和竞争者区分开来，让顾客找到自己就相对容易很多。现在很多人做商业地产，依旧沿着老的套路是没有机会的。

1.IP 最核心的要素是价值观

每一个 IP 都有不同的价值观，和人一样，只有相同价值观的人才更容易走到一起，也更容易产生共鸣。IP 并不只是单纯地向人们讲述一个故事，而是在传递一种价值观。例如美国电影中的蜘蛛侠，这一 IP 就是在传播一种英雄主义的价值观。

不同的 IP，不同的价值观，针对性地影响着不同类型的受众群体，并让这些群体产生根深蒂固的认同感。泛娱乐地产中，IP 的核心价值观是通过地产这一实体媒介形式扩大传播的深度和广度的，并利用价值观沉淀粉丝群体。

因此，对泛娱乐地产而言，打造 IP 相当于传递某种价值观，以价值观认同的方式吸引更多的流量。一旦泛娱乐地产完成对 IP 的价值观设定，就可以依照当下消费者的喜好、流行趋势配置项目。

2.IP 具有人格化表现

IP 之所以有与众不同的魅力，关键在于其人格化魅力。无论是卡通形象哆啦 A 梦，还是故事载体“爱情天梯”，这些 IP 都饱含情感和温度，具有自己的人格魅力。传统的商业地产以品牌商或产品为核心，品牌和产品虽然也具有一定的故事性，但是不够真实和具体。顾客难以在品牌中真实感受其中传递出来的情感，就更不会产生共鸣了。

而泛娱乐地产以 IP 为主，整个项目都围绕一个主题内容，IP 的不同表现形式更能让受众享受到足够真实的体验。真实性、差异性和特殊性让受众感受到和传统商业地产的不同。IP 这种人格化的演绎通过泛娱乐地产模式表达出来，更容易受到群众的追捧。

引入泛娱乐，增加辨识度，泛娱乐地产的真谛并不在于产品的珍贵，而在于产品的与众不同能让消费者清楚地识别并记住。

因此，商业地产在对产品进行定位的时候就要注意产品的差异化，要从红海中跳出来，追求与竞争产品的差异化，赋予产品一个与竞争者区分开来的差异点，并将这个差异点释放到最大，从而吸引消费者。

地段是过去时，IP 是进行时

有人说，商业地产最重要的是地段，只要身处黄金地段，就会有源源不断的客流，企业发展就不是难事了。但是与此相反的是，很多经典的商业地产并非选择在黄金地段，而是选在人烟稀少的城郊，其中最著名的案例就是迪士尼乐园。

迪士尼乐园是美国华特迪士尼公司旗下的主题公园，是世界上最具知名度和人气的主题公园，截至 2017 年 7 月，在全世界共兴建了 6 个迪士尼乐园。

迪士尼乐园占地面积大，不可能建在黄金地段，事实上也不必建在黄金地段，因为它建在哪里，哪里就是黄金地段。据报道，上海迪士尼乐园还未开园的时候，周边的在售房产已经涨价 35%。

迪士尼乐园为什么能产生这样显著的超越地段的商业价值呢？最关键的因素是它拥有大量知名 IP。将电影元素植入迪士尼乐园，能够迅速吸引影迷，将这部分受众从电影的推崇者升级为泛娱乐地产的追随者。

最近，“消费升级”是一个很热的词。什么是消费升级呢？

消费升级指的是消费结构的升级，是各类消费支出在消费总支出中的结构升级和层次提高，它直接反映了消费水平和发展趋势。经过多年的经济发展，人们的生活水平大幅提升，人们在教育、娱乐、文化方面的支出节节攀升，远远大于传统的衣食住行支出。

这表明人们更加注重精神追求，更加关注精神世界。这一趋势给很多大企业的生态布局提供了决策依据，纷纷布局泛娱乐产业，期待未来获得丰收。

2012年，腾讯宣布推出泛娱乐战略，以IP授权为轴心进行多领域、多平台的商业拓展，并成立腾讯动漫，对旗下游戏产品进行深度商业拓展，同年推出腾讯文学平台，邀请业内著名作家加盟。

随后在中国游戏产业盛会——ChinaJoy游戏展上，阿里巴巴、百度、小米等公司也宣布进行泛娱乐产业的布局。

在产出成果上，腾讯互娱改编了包括《斗战神》《QQ飞车》《天天酷跑》《洛克王国》《尸兄》《QQ炫舞》等在内的众多明星IP。

腾讯动漫平台上诞生的知名IP有《我叫白小飞》《王牌御史》《妖怪名单》《中国惊奇先生》《狐妖小红娘》《从前有座灵剑山》和《一人之下》。

腾讯文学平台诞生的超人气作品有《英雄联盟之谁

与争锋》和《择天记》，其中《择天记》已实现包括游戏、影视在内的多种泛娱乐形态开发。

2016 年，泛娱乐产业的市场规模达到 4 584.4 亿元，并形成了完整的产业链：上游的文学和动漫创作，中游的影视剧、数字音乐，以及下游的游戏、衍生品，形成了孵化、运营、变现一体化的商业闭环。在这一系列流程中，初期作品的粉丝、中期影视明星的粉丝以及游戏粉丝的力量叠加起来，为 IP 的商业回报提供了充分的保障。

泛娱乐地产可以将动漫这种时下年轻人热衷的泛娱乐形式从线上带到线下，这样就能在现实中为动漫产业找到变现渠道。

广州动漫星城是由广州天源投资管理有限公司斥资兴建的动漫主题综合体，该综合体由广州地下铁道总公司协助开发，于 2006 年 8 月 18 日开门营业。该项目建筑面积超过 3 万平方米，东西分两区，上下分三层，集娱乐、美食、购物于一体，是一座引领全广州年轻、时尚、前卫人群的主题式商业地产项目。

动漫星城将自身定位为一体化的动漫行业平台，并会向动漫爱好者定期发布大量的动漫新闻、资讯和产品，作为动漫重要衍生品的网游在第一时间通过动漫星城这个平台和用户见面。

在以动漫为主题的泛娱乐地产形态中，消费者通过近距离地接触有关动漫的现实事物，不仅能增加动漫迷对动漫的黏性，还能大大增加动漫衍生品的销售额。

总之，与IP结合就意味着吸引IP产业链上各个环节的粉丝，这为商业地产的发展提供了一条健康的可持续道路。商业地产如果能抓住适合自身的IP，不仅能打造特色、吸引客流，还能提升核心竞争力，为持续盈利提供保障。

商业地产选择向IP概念靠拢，看中的就是IP具有强大的流量价值。对泛娱乐地产而言，一个IP的价值有多大，最先体现在变现上。核心IP本身就积累了大量的原始粉丝，而这些粉丝中的部分潜在用户能直接转化成泛娱乐地产项目的消费者。

单纯依靠资本的力量获得流量，这种高成本的做法往往伴随着高风险。而在娱乐时代，利用优质的IP，如哆啦A梦、迪士尼等，能带来人潮涌动，甚至带动周边区域的经济发展。这才是一个优质IP价值的表现形式。

第三章

不同类型的 IP 与商业地产的结合

消费业态升级，好的内容成为流量入口，“内容为王”从“鼠标”下沉到“水泥”。在商业地产 3.0 时代，主题即内容，这个主题最高境界就是超级 IP。“商业地产 + 超级 IP”是商业地产价值链延伸和消费者重新认知商业地产的创新方向。

娱乐 IP：海量粉丝的商业潜力

得 IP 者，得天下。

商业中心借助 IP 原型打造主题展吸引客流量，影视公司、游戏公司利用 IP 沉淀的价值推出相关的影视剧、手游等获得经济效益，地产公司引进 IP 打造特色小镇……优质 IP 的价值，只要取之有道，几乎是取之不尽、用之不竭。

成功运营 IP 的前提是，与商业地产定位和业态风格相匹配。就当下来说，娱乐 IP 因其“百搭”而被广泛运用于商业地产。

日本熊本县的吉祥物“熊本熊”（见图 3–1）在日本享有极高的知名度。起初熊本县设计这一卡通人物，是为了打造旅游形象，以带来更多观光收入。

熊本熊不负众望，面世后给当地带来了非常可观的经济效益。时间一长，熊本熊成为一个全球知名的娱乐 IP。

图 3-1 熊本熊形象

2017 年，熊本熊来到上海，入驻 Kuma Cafe 咖啡馆(见图 3-2)，这是全球第四家熊本熊咖啡。

图 3-2 上海 Kuma Cafe 熊本熊主题

Kuma Cafe 咖啡馆除了销售熊本熊招牌咖啡和甜品，还售卖与熊本熊相关的小饰品、玩偶等数十种衍生产品。

Kuma Cafe 咖啡馆所在的位置并不是上海的黄金地段，人流量不算多，周围还有好几家咖啡馆。引进"熊本熊"这一 IP 后，Kuma Cafe 咖啡店的顾客爆满，在工作日都需要等一个半小时才能进店，在节假日期间的等待时间更久。

娱乐 IP 涵盖了影视、动画、话剧、卡通等多方面的内容。顾客定位为青少年、儿童的商业地产适合引入娱乐 IP，在场景化体验与互动上下足功夫，不愁吸引不了精准顾客。

娱乐 IP 对文旅产业的拉动效应已经在世界范围被验证，华谊兄弟联手冯小刚打造的"1942"主题影视小镇、《乡村爱情》拍摄地象牙山、《冬季恋歌》拍摄地中岛、日本动漫作家青山刚昌的故乡鸟取县大荣町等地，都是"地产 + 娱乐 IP"的获益者。

文艺 IP：文化、艺术大师的精品代表

近年来，很多文艺 IP 作品精彩上映。除了我们熟知的小说翻拍的影视剧，梵高的《星夜》、达芬奇的《蒙娜丽莎》等都是文艺 IP 中的经典代表。

IP 发展成为很多行业的引爆点，将这些板块串联起来便形成了多元化的泛娱乐产业，其兴起和未来发展前景令人兴奋。和娱乐 IP 不同的是，文艺更多的是 IP 使人产生心灵和情感上的共鸣。而泛娱乐地产是现实载体，若是融入文学艺术的内容，对突出项目的情感化、人格化以及营造氛围十分有益。

全民娱乐时代，虽然人们将大部分注意力放在娱乐产业，但是我们也能从很多成功的案例中看出，文艺 IP 的发展和具备的商业潜力并不亚于娱乐带来的影响。

在中国抽象派画家中，丁乙是极具代表性的画家。熟悉他的人都知道，他最擅长的就是利用“十”字图式重复和细致地勾勒出画面，这种极简的视觉效果恰恰是他的标志性风格。

这种个性的创作风格被法国著名的奢侈品品牌爱马仕看重，丁乙继续沿用他独特的画法为爱马仕设计了“中国韵律”系列丝巾（见图 3-3）。在爱马仕的所有设计师当中，丁乙是唯一的画家而非设计师。

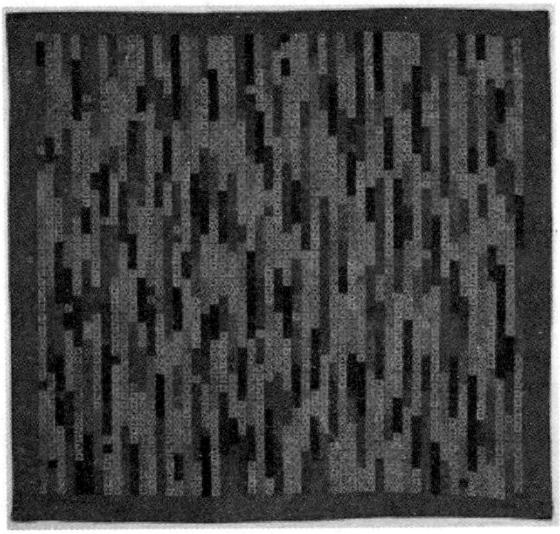

图 3-3 丁乙“中国韵律”设计图

丁乙和爱马仕的合作使我们更加肯定了艺术和商业结合的可能性。除了丁乙，蔡国强和日本设计师合作的“爆照时代”、卢昊为法拉利设计的限量款汽车……这些都是文艺 IP 和商业行为结合的经典案例，其带来的价值和效益也是不可估量的。

通过上面的案例可以看出，文艺 IP 的商业潜力还未被完全开发出来。大多数情况下，文艺 IP 都是全球知名的文学大师或艺术大师的作品，这些 IP 都是行业内或一段时期内的精品创作，具有代表性和历史意义。

虽然早就有了艺术跨界商业的合作案例，但是文艺IP所涉及的领域更加宽泛。因此如果一味地沿用艺术世界传统的方式打造文艺IP一定会遇到阻力，也无法使IP在这片红海市场中发挥价值。

文艺IP和娱乐IP并不相同，那么如何通过泛娱乐地产给文艺IP带来新鲜的气息，同时借助文艺的力量给地产创作更多的价值呢？

1. 文艺IP更加注重内容

“内容为王”是对文艺IP最好的诠释。

很多成功的案例仅仅为我们提供创作IP的结构和细节把握，我们并不能只抓住IP这一空壳子，而忽略了文艺创作的内容。隐藏在文艺IP背后的另一大问题也是很多创作者面临的最大困扰，文艺作品长时间以来都是围绕受众的口味进行创作。

长远来看，这样的创作方式并不利于文艺IP和商业的结合与变现。因此，泛娱乐地产在打造文艺IP时一定要真正了解受众的喜好和需求，而不是一味地迁就受众。要根据IP的内容进行项目引进、场景布局、风格设计等工作。

如此，泛娱乐地产才能“享受”到文艺IP带来的商业价值，IP才能通过实体商业表现得更真实。

2. 文艺IP拥有想象空间

名画、网络小说、艺术展等内容都是文艺IP的组成部分，这些内容创作本身就被创作者赋予了想象，文艺 IP 与商业行为的结合更是文艺 IP 想象空间的无限释放。近年来，基于文艺 IP 产生的化学反应也是越来越多。

2015 年湖南卫视播出的电视剧《花千骨》(见图 3-4) 成为国内优质 IP 中的典型代表作品。在 IP 概念火热的时期，《花千骨》的成功不仅仅表现在收视率高，而且 IP 打造和产业链转化方面也突出了价值。

图 3-4 《花千骨》电视剧海报

《花千骨》这个 IP 不单有电视作品的形式，早在电视剧开播之前，《花千骨》就已经被抢先改为了漫画出版，还同步上线了手机游戏和网页游戏，其游戏运营短时间内活跃用户就突破千万。彻底地将IP的商业潜力发挥到极致，引发了行业内的热烈讨论。

除此之外，该作品甚至延伸到了实体经济中。爱奇艺商城获得了片方授权，售卖该剧的周边产品。可以说《花千骨》是从网络小说作品到娱乐产业，最终衍生到实体商业中最经典的IP之一。

《花千骨》在改编成电视剧之前，其同名书籍并没有受到如此大的关注，但在电视版本上映后催生了书籍的再次热销。实际上，这就是为文艺IP进行的更深层次的商业价值挖掘。通过影视剧等商业行为开发文艺IP的价值，造成的影响反向拉动了作品原型的火爆，二次成为爆款。这就是文艺IP给我们提供的想象空间。

文艺IP具有无限的想象空间，为我们打造泛娱乐地产带来了启示，无论选择什么形式的IP作为整个产业的核心，我们的定向思维就是利用IP的优势价值，实现地产项目的经济收益和区域发展。

但是，从逆向思维的角度来看，泛娱乐地产项目的成功也会带动核心IP及其衍生品的发展和再次火爆，如此一来，地产项目也会不断融入更多创新、新鲜的内容，最终带动整个产业链的发展。

文艺创作本身就是具有想象空间的产业，这个特点也将被延续到与之相关的产业中。具备无限想象空间的文艺IP使商业活动可以探索出更多与其合作、结合的切入点。

3. 文艺 IP 具有历史感

成为一个超级 IP 不仅仅需要较强的辨识度，以及与受众之间较强的连接感，还应该具备一定的历史感。优质的 IP 大都具备历史感而非快餐式的消费。

开发一个优质的文艺 IP 离不开两个条件，除了前文中提到的内容品质，另一个条件就是需要沉淀。经过时间打磨的 IP 不但能够积累一定量的粉丝，同时也能检验 IP 能否经受时间的考验继续发展。

被时间验证过的 IP，再进行开发才能深入人心，获得受众的关注和分享。时间是我们打造优质 IP 不可缺少的维度。泛娱乐地产是新兴的商业模式，在探索未来发展的过程中同样需要时间的检验，才能清楚该模式是否符合行业发展的趋势。

因此，泛娱乐地产在打造文艺 IP 的过程中，一定要经过时间的积累和沉淀让 IP 发展到成熟稳定的状态，使 IP 最终可以在短时间内完成变现，给产业带来收益。

在泛娱乐时代，文艺 IP 应运而生是文化艺术产业未来发展的趋势所在，我们在获取文艺 IP 带来的高价值效益的同时，也应该警惕商业行为对文艺创作造成的干扰，文艺作品始终需要有优质的内容才能得以发挥最大的效益。

活动 IP：结合网红产业，打造全新商业模式

回顾国内购物中心的运营方式，很容易发现购物中心开办的活动类型经历了几次明显的变化：早期的商家会配合着各种节假日或者特定的日子，进行一系列打折促销活动；随后，出现了各种主题，如美妆节、夏季答谢会、毕业节等营销活动；随着 IP 大热，购物中心又开始以影视、文艺、游戏等 IP 为核心开展不同的主题活动。

从《魔兽争霸》到《魔兽世界》，这个重量级的游戏 IP 在全球拥有亿万玩家，成功打破了吉尼斯世界纪录。从 2004 年发行到之后一系列升级过程，《魔兽》在很多粉丝心中形成了一种情怀（见图 3–5）。

在频频传出该网游要翻拍成电影时，更是点燃了人们内心的火焰。在电影版本还未上映之前，上海大悦城就先收获了这一超级 IP 带来的多重价值。2016 年上海大悦城成功引入了《魔兽》主题展，占据了近 500 平方米的面积，每一件展品都是电影中用过的原装道具。

图 3-5 《魔兽世界》网络游戏

高质量、高人气的魔兽 IP 使得展览开放短短几天，就为上海大悦城带来了大批流量。和主题相关的衍生品店铺三天累积了 35 万元的销售额。使上海大悦城的客流量、销售额都实现了大幅度的增长，其中客流量同比增长了 143.7%。

上海大悦城的《魔兽》IP 主题展不仅给商城的客流量做出贡献，还为上海大悦城吸引了社会媒体的关注，对品牌传播和价值的提高产生了重要的影响。

活动 IP 如雨后春笋般层出不穷，不可否认开办以 IP 为核心的主题活动能够给商业地产带来明显的效益提升。但是，现实情况是商家斥巨资举办主题活动，带来的只是展览期几天时间内营业额和客流量的增长，这对商业地产的实际运营并没有产生直接的效用。

因此，我们不得不认真思考，活动 IP 究竟如何与商业结合来产生价值（见图 3-6）？

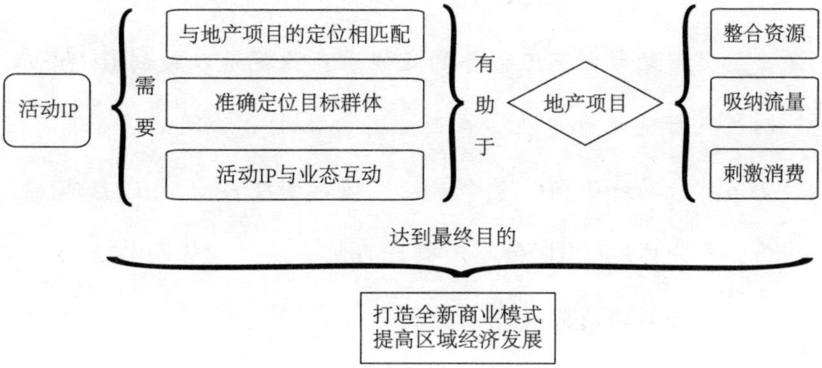

图 3-6 活动 IP 的商业价值

1. 与地产项目的定位相匹配

要想通过举办主题活动拉动商业经济的增长，最关键的一点是活动 IP 的属性是否符合商业项目的定位。较高的匹配度给商业带来的不仅仅是流量和关注度的提升，也对企业品牌的塑造起到了重要的作用。

行业内对商业项目的考量不再以客流量、租金等为指标，更多的是通过品牌、资源整合等多种方式实现商业中心整体的价值。这种思维的转变在未来商业地产的发展中显得尤为突出，而要达到整体价值的提升就需要根据自身的定位选择合适 IP 的属性。

上海大悦城的《魔兽》展、正大广场的《哈利波特：魔法世界》展、iapm 商场的《星球大战》展等，细数这些活动 IP 主题展，巨大的流量都是冲着主题展的内容而来的，这些客流量本身对主办商场没有黏性。因此，商业地产应当考虑的不是引入外部活动IP，而是自己打造核心IP。让IP和整个商业项目融合在一起，才是长久之计。

坎布里奇金英汇倡导的泛娱乐产业就是以文创IP为切入点打造网红产业。在商业综合体中叠加网红产业，从而打造网红小镇。整个产业园区都围绕核心IP进行布局，充分体现了IP和地产项目的完美匹配，从而打造出了一个全新的商业模式（见图3-7）。

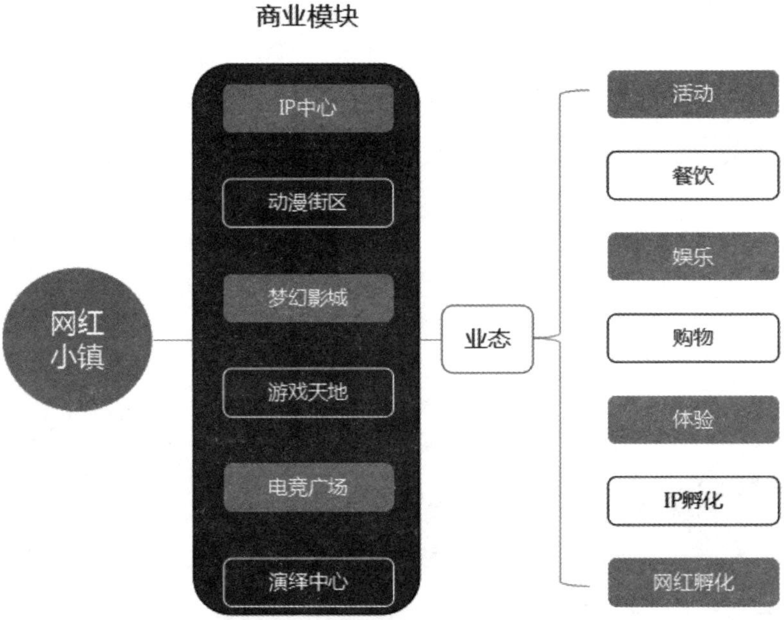

图3-7 坎布里奇金英汇泛娱乐小镇产业模块

产业园区的业态规划丰富完整，包括网红办公、网红培训机构、音乐舞蹈培训机构等，甚至提供了800间网红直播室和创客工作室，为孵化网红提供了一条龙式的服务。同时结合互动体验、娱乐休闲项目、餐饮等内容，使整个产业园区功能齐全，朝着多元化方向发展。

这种通过整合行业资源，发挥核心 IP 的产业价值，从而形成产业聚集和人才聚集的综合体产业项目，越来越受到行业内的认可和传播，而这种开拓商业地产的新思路才能使企业产生品牌效应，获得长久的发展。

因此，要想让 IP 带来实际的价值，商业中心在选择 IP 时一定不能盲目选择一些高人气、高知名度的 IP，而是要深入挖掘 IP 的属性、调性、风格是否符合自身的定位。

2. 准确定位目标群体

纵观各地区举办的活动 IP 主题展，之所以能短时间内吸引大量客流，除了 IP 自身的粉丝外，更衍生出了一部分对主题展内容有相同理念、价值观的新粉丝。这些都是 IP 的目标群体。

企业无论是选择自己打造 IP 还是引入外部优质 IP，都要根据目标群体选择合适的主题。这样才能让受众群体在活动中产生强烈的认同感和归属感，从而让商业场所保持新鲜感。

商业项目利用活动 IP，本质上是在打造项目和客户群之间的共鸣，是为了迎合客户的一种营销方式。因此，选择活动 IP 一定要准确定位目标群体，根据客户群的年龄、性别和喜好，画出受众的基本“画像”，才能吸引流量最终实现 IP 变现。

除此之外，针对客户越来越多元化的需求，对目标进行细分更有利于深层次地挖掘客户的生活方式和情感诉求，从而使 IP 人格化，有利于拉近和客户之间的距离，形成差异化的人格魅力。

这是国内很多商业地产项目缺失的地方，导致顾客和商业项目之间缺乏信任。而活动 IP 准确定位目标群体，才能有效地吸纳更多的流量和资源。

3. 活动 IP 与业态互动

各地区的商业中心都在引进不同的 IP 主题活动，但是仅仅带来几天时间的人气和客流量，展区撤出时，商业中心也就恢复了往日的平静。因此，要想让人气驻留更长的时间就需要活动 IP 和商业业态形成互动。

商业项目营造的业态空间更丰富才能使每个 IP 发挥出最大的价值。通过将 IP 的主题内容、风格等特点与娱乐、餐饮、游戏设施相结合，引导消费者全方位地体验，从而增加兴趣，延长消费者驻留的时间，就更容易刺激消费。

商业项目可以有意识地将活动 IP 的主题内容还原于现实的消费环境中，通过刺激消费者的感官和视觉，直接影响其体验感知的效果。

房地产行业布局泛娱乐，无论是以文艺 IP、娱乐 IP 还是以活动 IP 为核心，选择任何形式的 IP 最关键的因素在于 IP 内容的不断优化升级。在这个基础上形成的以 IP 为核心的泛娱乐地产模式，才能真正具备竞争力。

一直以来，我国人口红利对商业地产来说是一把双刃剑，一方面，人口红利确实给房地产行业提供了庞大的泛娱乐市场；另一方面，盲目消耗 IP 价值产生的经济效益使得 IP 创作的环境变得浮躁。

因此，只有不断创新升级才能增加现有 IP 资源的价值，而未来行业的发展和 IP 只增不减的热度，能够让原创 IP 的打造持续发展，同时带动区域经济的发展。

第四章

特色小镇：围绕 IP 打造区域生态圈

特色小镇一枝独秀，与传统商业地产热度持续下滑形成了鲜明对比。特色小镇的发展模式促进了特色产业从“引”到“聚”的动态变化，以及区域生态圈的构成。纵观特色小镇的发展，IP 种类变得越来越多，为了避免“千镇一面”，挖掘小镇特色成为实现商业价值的关键环节。

区域创新：打造特色小镇，推动产业升级

2016 年 7 月 1 日，《住房城乡建设部、国家发展改革委、财政部关于开展特色小镇培育工作的通知》明确提出到 2020 年，培育 1 000 个左右各具特色、富有活力的休闲旅游、商贸物流、现代制造、教育科技、传统文化、美丽宜居等特色小镇。2016 年 8 月 3 日，住建部发布《关于做好 2016 年特色小镇推荐工作的通知》，确定 2016 年各省特色小镇推荐数量。

过去我们所理解的特色小镇更多的是政府划分出来的行政区域。随着 IP 的火爆，特色小镇的发展突破了原本的格局，以其创新的理念为传统商业地产带来生机（见图 4-1）。

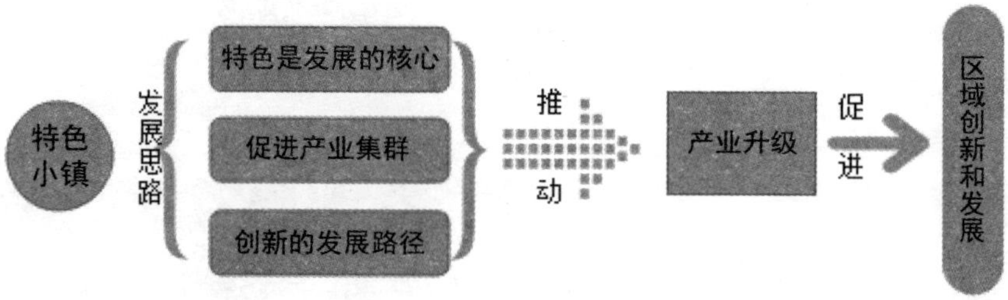

图 4-1 特色小镇推动产业升级的思路

1. 特色是发展的核心

特色小镇的经济发展、商业运作等需要产业的支撑，因此特色小镇的定位也应该紧紧围绕主导产业，避免陷入同质化竞争。根据不同产业类型，我们将特色小镇划分为以下几种类型。

（1）文化型

民族风格、地方特色都是发展特色小镇的依据。由于地区之间的文化风俗不同，使得文化型的特色小镇更能凸显出自身的独特性。

乌镇坐落在浙江嘉兴，整个古镇完整地保留了江南水乡的格局（见图 4–2）。各种木雕、石雕真实体现出了当地浓浓的文化氛围。小镇沿着河道形成街区，全镇包括传统居民区、餐饮区、风情区、文化区等六大部分。

图 4–2 浙江乌镇

虽然各部分的空间分布相对独立，但是产业之间紧密联系。整个乌镇呈现出一幅古朴幽静的景象。

值得注意的是，文化型特色小镇主要以文化创新为方向，即小镇中的任何元素都应该紧紧围绕文化特色展开。这就意味着文旅型的特色小镇要在区域文化的基础上不断丰富创新，才能持续发展。此外，文化型特色小镇也并非只限于本土文化，也可以引进优秀的外来文化，如普罗旺斯小镇、戛纳电影小城。

（2）产业型

产业型的特色小镇并不等同于传统的产业园区，该类型小镇的定位更倾向于特色产业化，例如我国的云栖小镇、美国的格林尼治小镇都属于产业型小镇。

云栖小镇是依托阿里巴巴和转塘科技经济园区两大知名平台打造的新兴产业型小镇（见图 4–3）。整个云

图 4–3 云栖小镇效果图

栖小镇以云计算为核心，产业覆盖了云计算、大数据、智能硬件、软件开发、游戏等多个领域。

如今云栖小镇已经聚集了 300 多家企业，其中包括阿里云、Intel、富士康科技等多家知名集团。创新的思维、先进的产业使云栖小镇成为产业型特色小镇中的样本。

产业型特色小镇的背后都承载着不同的产业，如金融产业、互联网产业、高端制造产业。开发产业型小镇的前提是，选址区域要有一定的产业基础、具备培育产业的优质条件。

（3）生态型

雾霾、尾气污染、交通拥堵等问题严重困扰着我国大中型城市。面对一时难以治理的城市病，生态型特色小镇成为社会发展的需求。生态型特色小镇遵循低碳绿色环保的发展理念，具有可持续性。

浙江的神仙居天然氧吧以景区为主要依托，以田园流水、古村古镇为基础，其中包含了休闲养生、度假体验等多功能区域（见图 4–4）。整个小镇的植物覆盖率达到了 77.9%，景区中的负氧离子含量达 8.8 万立方厘米，小镇整体的生态环境质量指数非常高。

神仙居特色小镇一年四季风景如画，被誉为“人间仙境”。整个景区充满诗情画意，犹如一幅天然的水墨长卷。

根据不同的划分标准，特色小镇可以被分为多种类型。要打

图 4-4 建设中的神仙居

造出特色鲜明的小镇，需要根据所在地的历史、人文与自然景观条件，深入挖掘、打造独特内容。对于欠缺历史人文的地区，也可以通过引进合适的 IP，让 IP 特色成为小镇发展的核心，只有呈现出独特的内容，特色小镇才能真正地发挥出价值，促进区域经济的发展。

2. 促进产业集群

特色小镇是指依靠某一特色产业或环境因素，打造的具有明确定位、特征和内涵的多功能产业项目。这意味着特色小镇一定需要特色产业的支撑，才能发展起来。只有经历产业选择和产业规划、培育等阶段，最终才能形成产业聚集效应。

传统商业地产面临的困境主要有品牌知名度低、品种少、业态形式单一等。特色小镇则更加注重产业结构、生态布局等内部要求，各个产业之间虽然相互独立，但是关联性较强，因此更容易聚集更多相关产业。

特色小镇是融合产业、生态、生活于一体的创新空间，具有广阔的发展空间。既可以推动产业发展和聚集，又能满足人们的需求。

除此之外，小镇项目的规划开发往往会考虑到当地的地理位置、区域环境、资源优势等条件。只有根据不同地区的优势条件选择合适的特色产业，才能促进产业之间协调发展，增大产业集群效应。

虽然杭州的中天西城纪不属于特色小镇（见 4–5），但其产业集群效应的打造非常值得借鉴。

中天西城纪交通便利，商业区紧挨着楼盘，只要步行十几分钟就可到达。坐落在杭州的阿里巴巴，以及素有“中国服装第一街”之称的四季青为这里的产业聚集

图 4–5 中天西城纪

提供了先天优势。

依托这些优势条件，网红产业成为该地区的特色产业。随着网红的聚集，又吸引了大批电商运营公司、艺人经纪公司、培训机构、美容美发、摄影制作等相关产业，促进了当地经济的发展。

区域拥有丰富资源是吸引产业聚集的重要因素，反过来，项目的开发也会促进当地基础设施、交通的不断完善，为地区经济的发展创造更多有利条件。

3. 创新的发展路径

传统产业最容易跟风复制，只要发现做什么项目赚钱，大量的企业和资本就会蜂拥而至。特色小镇很难复制，因地制宜，因人制宜，一个小镇一种特色。

在打造特色小镇的过程中，政府主要发挥的作用就是做好产业导向、规划布局、完善基础设施等工作。政府的参与为企业打造特色小镇提供了便利条件，更有助于特色小镇实现产业、小镇、人文的有机融合。

特色小镇的发展是将空间、资源有效地利用起来，从而推动区域创新和发展。从创新的角度考虑到了产业转型升级的问题，顺应了时代发展趋势。

特色：以 IP 为切入点，打造独特产业生态

对特色小镇来说，IP 是小镇的核心认知产品，这个 IP 可以成为核心吸引力、细分到极致的特色产业。换言之，IP 就是特色小镇的独特之处，IP 就是特色小镇的产业核心。

纵观世界各地的知名特色小镇，不论是生态资源禀赋型的普罗旺斯薰衣草小镇，还是历史文化型的法国戛纳电影小城，或是特色产业型的美国格林威治对冲基金小镇，都是以 IP 来彰显个性。

IP 与商业地产的结合，非常适合打造特色小镇，这是一个以 IP 为切入点全方位深入商业地产的创新型模式，这一模式的出现已经在国内掀起新一轮的产业创新热潮。而在打造特色小镇的过程中，IP 是整个产业链的切入点（见图 4–6）。

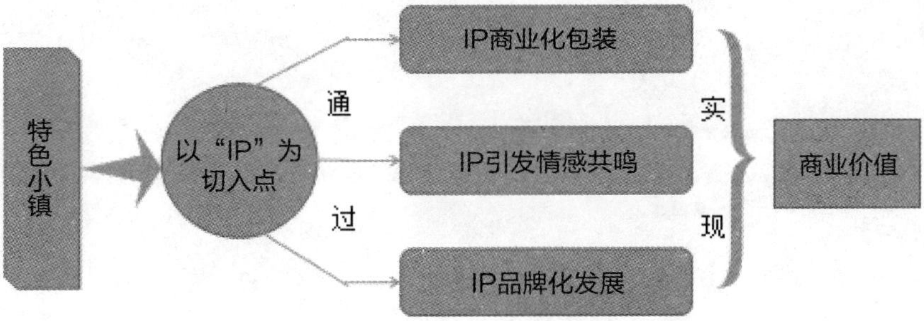

图 4–6 以 IP 为切入点打造特色小镇

1.IP 商业化包装

台湾新北市有一个猴硐村，早期居民以采煤为生，后因矿产资源枯竭，青壮年劳动力大量流失，使得原本腹地狭小、地处偏远的猴硐面临无以为继的萧条。原本繁荣的村庄百业凋零，古旧老街上行人稀疏，聚集了大量的流浪猫。

2009 年 10 月后，猴硐村打出“猫村”的概念。他们联合爱猫人士举办“有猫相随，猴硐最美”活动，并通过“猫风趣”“猫村·蔚蓝洁计划”等一系列活动，打开了“猴硐猫村”的知名度，猴硐猫村逐渐成为了以“猫观光”为主题的旅游目的地。

猫咪这个“IP”的导入，使猴硐村名扬天下，当地百姓也由此找到了新的出路和营生，并且逐渐形成了以猫为主题的产业链条，如猫村咖啡，猴硐猫村如今已成为全球六大赏猫目的地之一。

2.IP 引发情感共鸣

IP 作为切入点除了需要进行包装之外，能否引起和受众之间情感上的共鸣也是关键问题。大数据时代，人们接收到的信息多种多样，用户自然地拥有了选择的主动权。在这样的大环境背景下，要想获得用户的关注和认同，就需要迎合用户的情感，产生共鸣才容易被选择。

猴硐之所以成为猫村，源于当地光复里小区里长的爱心。里长收留了不少流浪猫，意外成为爱猫人士镜头下动人的写真。这样的照片走红网络后，赏猫成为去猴硐旅游的新玩法。

在光复里小区的门口，画上了猫咪散步地图，详细绘出猫咪出没的地点。在小区里，随处可见打瞌睡、伸懒腰或在人们脚下打滚、玩耍的猫。这里贴心的不是有多少人性化的设施，而是有多少“猫性化”的设施。

游客们从猴硐火车站下车，首先映入眼帘的是可爱的“黑猫站长”（见图 4–7）。

图 4–7 猴硐火车站“站长”

而对于打造特色小镇来说，IP 只有前期与受众产生情感共鸣，才能带动后期产业开发和刺激消费等过程。基于实际的产业运营过程，引起 IP 和受众之间情感共鸣主要通过两个方面，一方面是趣味性，另一方面是互动性。

“IP”这一概念之所以能够成为各行业追捧的对象，很大一部分原因是其很大程度上满足了用户的情感需求。因此，特色小镇打造核心 IP 也应该继承这一特征。而具备趣味性的 IP 本身就能快速地引发认同感和共鸣。

至于互动性，也很好理解，就是将 IP 融入实际的产业项目，例如以 IP 为主题的特色活动、展览等都是拉近 IP 和受众之间距离、增加互动的方法。当 IP 和用户之间产生交流，存在信息传递的过程，那么 IP 的价值观就更容易被用户认同，同时我们才能从互动中深层次地挖掘到用户的新需求。

只有不断地吸引受众群体投入更多的情感，才能让特色小镇受到更多的关注，从而长久地发展。

3.IP 品牌化发展

在信息过剩的时代，IP 是在过剩的环境中具有识别度的内容，从本质上看 IP 和品牌之间存在某种共性，二者之间都具备产权归属。只不过 IP 侧重于内容属性，而品牌侧重于产品和服务。

两者之间存在共性，意味着它们可以相互转换。特色小镇虽然以 IP 为核心，但是从品牌开发的视角出发打造 IP 更有价值意义，实现 IP 品牌化也是产业链的终极形态。

2013年起，猴硐结合当地煤矿、猫、隧道等资源，大力打造猫主题的特色旅游小镇，原本仅供居民进出火车站之用的狭窄陆桥，也变身成了造型独特、人猫共用的“猫桥”。

“猫桥”全长60米，“猫头”在园区愿景馆端，上有两只耳朵，“猫尾”在猫村端。“猫桥”是跨铁路人行陆桥，桥身包括25环断面、500支方管构件、750片钢铝板包覆，全部构件的尺度都不同，造型独特。

特别的是，愿景馆前变电箱以栈板包覆的特制跳台供猫玩耍，椅凳下也有供猫躲藏小狗追逐的空间，让“猫桥”成为一座人猫共用的陆桥。

为打造猴硐猫村，当地重金请来金穗奖导演刘建伟拍了两个影片，一个是记录施工过程的“2013猴硐猫桥纪事”，另一个则全部由猴硐当地猫咪担纲演出的“猴硐猫咪导览影片”，这是台湾地区首个以猫作为观光导览员的宣传影片。

品牌和IP异曲同工，IP实现品牌化的途径就是按照策划品牌的逻辑进行开发。先确定好打造什么类型的核心IP，然后根据IP对市场、受众群体等内容做出定位，最后通过营销推广手段和产品销售的方式，增加消费者的辨识度和好感，最终一步步培育消费者的忠诚度，从而实现IP品牌化。

以IP为切入点，打造特色小镇的关键是对IP进行包装、品牌化、打通情感共鸣，这是产业链发展必不可少的环节。大众普遍认为只要是 IP 就具有一定的商业价值，但事实上要让 IP 发挥价值的关键在于对 IP 的开发和运营。特色小镇以 IP 为核心打造产业链的过程中，并不是一味地对 IP 进行价值索取，而是需要深层次的挖掘。

宣传：多管齐下，酒香也要勤吆喝

过去人们常说“好酒不怕巷子深”，而随着社会的发展，在供大于求的市场经济中，这句话已经不合时宜。

市场经济中各种“气味”繁多，好酒如果长期放在巷子深处，是很难引起外人关注的。要想让更多的人知道自己的酒香，就应该更直接、近距离地让外人感受到、闻到。在“好酒也怕巷子深”的今日，特色小镇需要做好宣传才能吸引关注，在激烈的竞争中拥有自己的一席之地。

特色小镇的宣传方式有很多，常见且有效的有如下五种（见图 4-8）。

1. 借助论坛活动的影响力

在特色小镇中举行高端论坛或会议，可以吸引大量媒体报道，进而提升小镇的知名度与影响力。

2016 年 11 月 16 日，第三届世界互联网大会在浙江乌镇举行。为期三天的会议，令乌镇成为全世界关注的焦点。

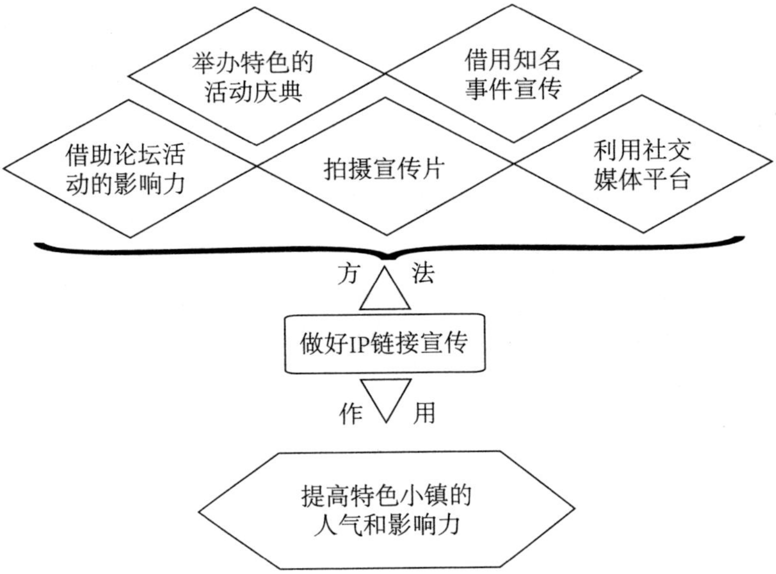

图 4-8 特色小镇的宣传方式

除了乌镇，很多特色小镇都是借助论坛会议的影响力而闻名。例如：瑞士的达沃斯小镇，因为每年召开世界经济论坛而闻名遐迩；戛纳小镇，因为电影节的举办而发展成为知名小镇；位于我国海南省的博鳌镇，因为博鳌亚洲论坛的举办获得了迅猛发展。

“特色小镇 + 知名论坛（会议）”是特色小镇最有效的宣传方式，也是 IP 培育与打造的捷径。但是，并不是任何一个特色小镇都能赢得举办权，天时、地利、人和三个要素，缺一不可。

2. 举办特色的活动庆典

举办“高大上”的论坛与会议，小镇可以努力争取，但能否争取到并不能由自己做主。自己可以做主的是：以小镇为载体，独立打造或举行有影响力的活动，例如千米长宴、万人帐篷节。

长宴是重庆市江津中山古镇的传统民俗。在每年的春节期间，古镇老街居民在老街上大摆百家宴，共庆生意兴隆、家业兴旺，共祝风调雨顺、五谷丰登。

2005 年春节前，古镇居民在 1 132 米长的老街摆下了“百家宴”。每个桌上都摆满了石板糍粑、红苕条粉、烟熏豆干等古镇特色菜肴。既招待自家客人，也供游客免费品尝，“千米长宴”因此得名，每年都吸引上万游客慕名而来。

现在中山古镇的“千米长宴”每次都有二三百桌，一字排开，浩浩荡荡。

“千米长宴”曾经连续两年在中央电视台新闻联播播出，重庆电视台、《重庆晨报》《重庆晚报》《重庆时报》等众多媒体都参与宣传和报道。2011 年，中山古镇千米长宴民间民俗文化节还获得了“节庆中华 · 传统节庆奖”，这是重庆市首次在这一权威节庆评选活动中得奖的传统节庆。中山古镇知名度和美誉度得到了进一步的提升。

举办各种活动庆典可帮助特色小镇加大宣传营销，同时也是发扬和传承特色小镇艺术文化的一种方式。独具特色有创意的活动是特色小镇吸引人流量和关注度最有效的方法，但需要注意的是，特色小镇在打造专属活动的时候，一定要贴近小镇的核心 IP，要与小镇传递的文化内涵相符，才能达到预期效果。

3. 拍摄宣传片

拍摄专门的宣传片，将小镇的发展理念、风格特色等内容展示在宣传片中，并借助各大网络平台进行传播。也可以将宣传的内容制作成画册，免费发放。这种宣传方式有利于特色小镇 IP 更直观、更形象地表现出来。

玉皇山南基金小镇是我国基金小镇中的翘楚（见图 4-9）。整个小镇的打造以格林尼治小镇为标杆，聚集了各种基金机构，包括赛伯乐投资等行业内顶尖公司。小镇位于浙江玉皇山脚下，背依南宋建筑群，具有得天独厚的资源优势。

玉皇山南基金小镇为提高竞争力和影响力也下了很多功夫，除了举办各种金融交流活动，制作各种宣传片、宣传册也是其 IP 宣传的重要手段。玉皇山南基金小镇在建设完成后就拍摄了小镇形象片，并投放在各大视频网站上。

视频名为“小镇大传奇”，整个视频播放时间 5 分多钟，全面地介绍了玉皇山南基金小镇的地理坐标、发展理念、环境格局、产业生态等方面内容。除了实景拍摄的宣传片，玉皇山南基金小镇在后续发展中还推出了 Flash 动画宣传片。这一系列的宣传方式让玉皇山南基金小镇成为热门 IP，受到了人们的关注。

图 4-9 玉皇山南基金小镇

4. 借用知名事件宣传

20 世纪 50 年代，20 岁左右的重庆江津中山古镇高滩村村民刘国江爱上了大他 10 岁的“俏寡妇”徐朝清。为了躲避世人的流言，他们携手私奔至海拔 1 500 米的深山老林，自力更生，靠野菜和双手养大 7 个孩子。为让徐朝清出行安全，刘国江一辈子都忙着在悬崖峭壁上凿石梯通向外界，几十年如一日，凿出了石梯 6 000 多级，被称为“爱情天梯”（见图 4-10）。

二老的爱情故事被媒体曝光后，在全国范围内引发了强烈的反响，被评为 2006 年首届感动重庆十大人物，同年又被评为“中国十大经典爱情故事”。2007 年 12 月 18 日，男主人公刘国江老人去世；2012 年 10 月 30 日，徐朝清老人去世，享年 87 岁。

图 4-10 爱情天梯（图片源于网络）

遵照她的意愿，人们把她葬在刘国江老人身边。这场旷世绝恋虽然随着徐朝清老人一起入了土，但留下了一段传奇让后人恒久地追忆。

在2007年刘国江去世时，中山镇向江津区递交报告，准备投资两亿元，打造60平方千米的“爱情天梯”景区。

江津区中山镇相关负责人介绍，6 000级石梯走上去需要两个小时，这些年来很多慕名而来的恋人去攀登。由于山路险峻，为保障安全，计划爱情天梯维持原样，但要修建防护栏。

“两位老人居住了半个世纪的小屋也要维持原样，建成爱情博物馆。”爱情博物馆里，将陈列见证这对绝世恋人的所有物品，包括刘国江打凿爱情天梯用过的钢钎、铁锤，用了半个世纪的煤油灯，以及媒体关于爱情天梯的报道。

女主人公徐朝清老人过世后，重庆江津“爱情天梯”成为绝唱。当地借助“爱情天梯”这股东风，修建公路，打造旅游景点，以“爱情”为卖点推动旅游发展。

在没有“爱情天梯”这个概念前，江津爱情旅游文化研究会会长漆建虹觉得遗憾：这里只是有山有水，但还没有文化。密集的宣传陆续引来游客，江津旅游局决定从旅游角度挖掘爱情文化。江津旅游局牵头，成立了“江津爱情旅游文化研究会”。

借助知名人物、影视作品或企业的影响力，可以帮助特色小镇做好 IP 宣传。任何有利的元素都能成为 IP 宣传的方式。但对特色小镇而言，利用这些知名度高的企业做宣传更有说服力和影响力，同时更容易获得人们的认可。

5. 利用社交媒体平台

随着互联网的普及，信息传播的速度越来越快且覆盖面广。特色小镇可以借助网络社交平台（例如直播、短视频、微博、微信公众号等方式）进行宣传推广。例如，专门设置一个微博账号每天推送不同内容，可以是小镇观光攻略，也可以是特色活动的推广。

有的特色小镇甚至还专门设计了独立的官方网站，小镇的实时动态、政策文件、社区服务等功能都能在网站中一一找到。

做好特色小镇IP宣传的方式有很多，无论选择什么样的方法，都应该坚持以特色小镇为核心载体，有效地利用各种优势条件，不断尝试新方式，才能提高特色小镇的人气和影响力。

生态：围绕 IP 进行产业布局

类型不同的特色小镇在选择地理位置时有不同的要求，但其本质都是围绕核心 IP 进行选择。例如，生态型特色小镇一般选择有山有水、远离喧嚣、空气质量好的城市周边地带。

除了地理位置的选择，在整个产业内容的规划上都需要围绕核心 IP 来进行。在规划特色小镇时，一定要保证小镇的特色产业与 IP 的匹配，才能促进两者之间协调发展，相辅相成。

产业规划运营活动都是为了让 IP 多元化发展，使特色小镇中的每个区域都有 IP 发挥价值的空间，全方位打造具有高价值的多功能综合体。因此，只有在真正意义上了解核心 IP，才能围绕 IP 做出合理的产业规划。

1.IP 选择

在决定打造特色小镇之前，就应该想清楚选择什么样的 IP 作为方向导入项目。IP 类型的选择很简单，无非就是文艺 IP、娱乐 IP、游戏 IP 等类别。

除了需要考虑 IP 的类型，选择购买现成的 IP 还是自己孵化培养出新的 IP 也是重要决定。但无论选择什么样的形式实现 IP 导入，都需要抓住一个关键点，即拥有知识产权。这就意味着，我们可以将自身拥有的优质资源注入 IP 中，从而创造、转换成属于自己的独特 IP。

IP 是整个项目的关键点和支撑点，项目前期对 IP 的考虑和选择将直接影响产业布局等多个环节的运作。因此，一定要慎重选择将什么样的 IP 导入项目，还应考虑到 IP 导入给周边其他产业和当地带来的影响。

结合项目选址的地区特色、风格习俗等因素，让 IP 完全融入商业地产。这样才能使项目快速地融入当地，和周边其他产业形成资源整合，从而将区域经济带动起来。

2. 相关产业导入

当特色小镇完成 IP 导入后，相当于确定了项目的发展方向。有了明确的发展方向，项目就需要导入和 IP 相关的周边产业，从而全方位地开发核心 IP。IP 是特色小镇的关键，而产业是 IP 最重要的表现形式，也是特色小镇背后的支撑点。

因此产业规划一定要结合 IP 进行布局。根据特色小镇项目的规划及核心，导入地区相关产业是必不可少的环节，对提升 IP 的价值也很有帮助。

围绕 IP 布局相关的产业，才能形成产业聚集，整合资源实现 IP 的价值。特色小镇不同于传统的产业园区、风景区，而是具有丰富内涵的产业项目。因此，一定要按照特色小镇的发展理念，同时结合自身特点，进行产业定位和科学规划。

确定好产业定位之后，再将相关产业导入，并不断挖掘产业的特色、生态禀赋、人文内涵，围绕相关产业做好产业延伸、组合，最终完成特色小镇的产业布局。

3. 导入品牌 IP

品牌 IP 的导入对特色小镇的发展具有重要的意义，一些高人气的旅游品牌 IP、影视 IP、文化 IP 都可以导入特色小镇，这些品牌 IP 的导入将会给特色小镇带来更多客流量和关注度。

《盗墓笔记》是国内热门的文学 IP，小说不仅得到了读者的追捧，就连翻拍的电影、电视剧都深受人们喜爱。《盗墓笔记》小说中提到过“长白山十年之约”，按照日期推算 2015 年 8 月 17 日正好是十年之约到期的日子。

于是众多粉丝相邀，要到长白山共赴十年之约。此次活动引发长白山的拥堵，同时长白山景区借助这一热门 IP，引来游客的关注促进了当地经济的发展，一时间长白山成为新闻媒体们关注的对象。

景区借助知名 IP 获得关注度和流量，同样对特色小镇而言，导入各种品牌 IP 更有利于产业的发展。有了品牌 IP 的支持，相当于给特色小镇创造更多优势条件，促进产业链的形成和发展。

产业是特色小镇发展的重点，因此，产业的布局和选择一定要与特色小镇的发展相适应，要因地制宜，符合市场发展的需求。同时，顺应社会发展趋势，只有符合市场需求的特色小镇才能获得人们的青睐。

第五章

雁群效应：提升商业地产与区域经济的竞争力

所谓“雁群效应”，指的是大雁排成“人字形”或“一字斜阵”在天空利用更利于飞翔的空气动力学原理。大雁通过这一飞行阵势，并定时交换位置，使得它们可以最快最省力地到达目的地。这种阵势促成大雁彼此配合、彼此成就。“雁群效应”不仅是提升项目价值的捷径，也是提升区域竞争力的有效方式。

以群体规模争取生存空间

房地产业界的“雁群效应”，也就是常说的集群效应，其中最具代表性的就是北京朝阳区的CBD。整个CBD集中了金融、贸易、信息技术等商业机构，同时还拥有餐饮酒店、商务办公等大量的配套设施（见图5-1）。

图5-1 北京朝阳CBD

CBD 区域集中了商业、餐饮、娱乐、服务、办公等多重功能，这些都明显地体现出了朝阳区商务中心的集群效应。同时，这样的集群效应使区域内的各公司都实现利益最大化，公司和公司之间形成了互补互利的状态。

除此之外，整个商业聚集给各公司提供了更多便利的条件。集群区域的形成推动了水电、绿化等基础设施的建设，不仅使各公司减少了经常性的成本支出，而且有利于政府投资效益最大化。

2015 年 5 月 14 日，全球商业地产龙头万达和全球住宅地产龙头万科在北京签订战略合作框架协议，双方宣布建立战略合作关系，计划在国内外项目上深度合作。万达和万科的合作开启了中国房地产企业强强联合的新模式。

房地产行业两大巨头的合作，意味着未来行业发展不再适合单打独斗。面对这样的局面，泛娱乐公司唯有通过“雁群效应”，才能提高抗风险能力，在房地产市场中获得生存空间。

泛娱乐地产涉及庞大的产业链，所涵盖的区域内部结构和范围也十分广阔。而对于要打造一个这样的产业园区，开发前期只是获得土地的使用，就要耗费相当多的人力、物力和财力。此外，项目的配套设施也是一笔不小的开支。这些成本与开支势必层层“转嫁”到消费者身上。在电商攻势加剧的今天，消费者并不一定为此埋单。消费者不埋单，反过来又会影响商业地产项目的销售与出租。

如果开发商以“集群”的方式拿地，不仅可以降低拿地的成本，还可以在配套设施的建设上共享资源，摊薄建设开支。

对于政府来说，集群化、个性化的商业地产既可以提升整体项目的附加值乃至区域竞争力，又可以带来更多消费拉动地方经济。

对于企业来说，通过集群可以改善投资环境，同时可以赢得市场。

单独的中小企业由于产品单一、经营模式陈旧等一系列问题，只能在行业中默默无闻地小本经营。而通过集群，企业之间建立联系，更容易使中小企业在行业中崭露头角获得市场关注。赢得市场关注的企业，也容易获得投资商的青睐。

例如，我们倡导的泛娱乐地产，由于其创新的运营模式，以IP为核心内容，整个产业涉及娱乐、文化、网红孵化等板块。如此创新的产业和传统商业地产形成了鲜明的对比，因此不仅在大众面前获得一定的人气，同时受到行业市场的高度关注。

作为商业地产转型的方向，泛娱乐地产首先赢得了市场，其次赢得了大量的资本投资。

作为集群效应的典型代表，泛娱乐地产中的各板块相互融合、相互关联，形成一个密不可分的整体。加之，在“泛娱乐+”的时代，地产有机地切入娱乐行业，顺应了时代潮流。理念和思路上的创新使产业更具良好的发展前景，未来创造的价值是不可估量的。因此，资本大量涌入。

集群效应将中小企业的价值最大化，创造出更大的利润空间，以此作为吸引资本注入的关键。

小微企业作为我国国民经济中最活跃的组成部分，发挥着重要的积极作用。面对行业激烈的竞争，个体发展遭遇困难，而唯有通过“雁群效应”形成规模，才是其今后发展最有效的途径。

显然，这是政商之间的一种双赢。

争取多层级、多样化产业支持政策

在商业地产上，政府一方面出台了各种调控措施，另一方面提供了各种优惠扶持，其目的是引导产业健康发展。趋利避害是企业的天然属性，从趋利上来看，获得政府政策优惠扶持是企业需要重点关注的。

1. 项目开发前期

项目获得政府支持后，在开发前期，政府会有专门的工作小组为项目提供服务，还会为企业颁布重点招商引资、银行重点扶持项目等名号和证书。项目有了政府颁发的一系列名号，展示出来可以提升项目的可信度。

如果政府在若干年内不再批准同类型项目的开发，该项目就会在一定时间内垄断该区域，大大减少了同行之间的竞争，项目的成功率自然倍增。

2. 项目运营期

政府鼎力支持的重点项目，在运营期能受到更多关注。

（1）对内

政府成立专门的项目管理办公室，对企业项目实施封闭化管理，为入驻的商家提供“一站式”的手续办理。

（2）对外

政府部门为入驻的经销商保驾护航，为商家提供充足的发展空间，同时保证商家的利益不受损。

3. 优惠政策

政府对重点项目的扶持不单是保护政策，还有一系列优惠政策，具体的有免税、补贴等。

面对这些优惠政策，多数中小企业往往望而却步。受制于企业规模小、缺乏核心竞争力等因素，中小企业在争取政府扶持上并没有多少话语权，因此只能独自承受生存压力。

现在，有了泛娱乐的“加持”，中小商业地产开发商的话语权得以大大加强。

对中小企业来说，可以联合多个中小企业集群，这样不仅扩大了整个产业规模，还能集中了每家企业的优势，增强整个产业的实力。

泛娱乐地产集群通过将各种业态形式的企业导入产业结构，从而形成完整的配套。当产业达到一定的人气以后，就带动起了商业地产及其周边区域的经济。

杭州蒲公英泛娱乐小镇就是一个典型的例子（见图 5-2）。整个泛娱乐小镇包括红人产业、知名品牌、互动娱乐等多个板块。

图 5-2 杭州蒲公英小镇

通过该产业带动了周边商业的发展，形成了产业聚集高地，同时还增加了地区的税收，使得泛娱乐小镇成为杭州一个有名气的时尚标签。除了杭州蒲公英泛娱乐小镇，北京的三里屯演化为时尚产业聚集地，毗邻工体则是一个娱乐产业聚集高地。

“雁群效应”带来的不单是企业内部实力的提升，更推动了一个地区、一座城市的经济发展。政府也更愿意培植这样的产业，不但能增加就业机会，带来更多税收，还能提升区域经济、增强区域竞争力。也就是说，政府扶持的不仅仅是这个项目，更是整个区域。

需要指出的是，泛娱乐地产实施的企业集群并非只是一般意义上中小型企业聚集联合在一起，而是通过战略实现自我能力的升级。通过“雁群效应”，以泛娱乐地产项目为领头雁，在带动其他相关企业形成规模的同时，加强了企业之间的有机联系，除了建立良好的信息沟通渠道，还推进了基础设施建设。因此，泛娱乐项目具有难以被模仿的优势，其拥有的核心竞争力会随着事件的发展不断创造更大的价值。

通过资本干预加速产业集聚

资金是企业的血液，是地产开发商的命脉。中小企业自身存在规模小、资金流量少、负债能力弱等弊端，再加上处于“谋生”阶段，十分容易受行业环境的影响。多方面因素造成单独企业对抗风险的能力较弱，这也是很多资本投资方不愿选择中小企业的原因。

因此，通过“雁群效应”，多家中小企业形成规模效应、增强总体实力的同时，弱化每家企业需承担的风险。中小企业集群通过专业分工，优化配置资源，加速产业创新，也能因此形成经济规模，提高竞争力。

“雁群效应”聚集中小企业，打造了良好的投资环境，吸引更多的资金注入，也减少了很多资本投资商的顾虑。

在房地产开发融资越来越艰难的当下，商业地产开发商在开发泛娱乐地产时，不妨借鉴泛娱乐公司的融资方式（见图5-3）。

1. 政府引导基金

为促进企业自主创新，国家和地方政府都出台了一系列的政

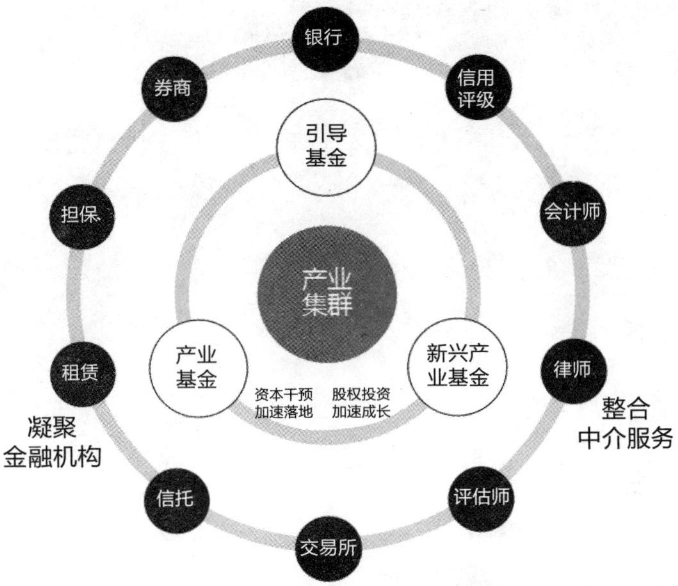

图 5-3 泛娱乐地产的资本投资

府补贴等优惠政策，如创业种子基金、节能减排专项基金、延长税收等相关政策。

开发商有必要对优惠政策研究透彻，获取相关专项基金。政府的引导基金可以减轻开发商的资金压力，增强企业抵御风险的能力。

除此之外，政府的引导基金还能帮助开发商吸引更多的投资机构与社会资本。如此一来，资金问题就能得到更大缓解。

2. 新兴产业基金

目前，地方政府对新兴产业的扶持力度在不断加强，企业的产业升级转型往往能够获得财政资金的支持。而新兴产业基金多是由行业巨头集团或是相关的金融机构主导发起的，其重要目的就是通过基金的投资有效地延伸集团主业的发展。

例如读者传媒出资 3 亿元，携手光大资本投资有限公司设立了读者光大新兴产业并购基金，这部分基金将被投资于和读者传媒有关联的新兴产业，如文化、教育、互联网和泛娱乐产业。对中小泛娱乐地产开发商来说，类似的基金是一个不错的融资渠道。

新兴产业基金往往是以股权投资的形式被注入中小企业，除了促进投资集团的发展，更重要的是投资方希望借助一定的资本导入，获得更多的规模收益。而股权投资能够加速新兴规模企业的聚集，形成多元化的产业区。

3. 产业基金

通过聚集众多的中小企业，用抱团的方式使整个产业形成一定规模，增强实力和资金量之后成立产业基金。用这部分产业基金扶持聚集优秀的企业，实现相互扶持、相互发展的态势。

PART 2

场景化实践：抢占消费入口

第六章
主题商场：一站式体验型商贸综合体

越来越多的消费者选择网上购物，实体商场沦为消费者的“试衣间”。因此，主题商场应运而生，通过不同的环境设计、引入个性餐厅、举办主题活动等方式，发挥实体商业的优势，以此刺激消费。同时，主题商场的出现，创造性地打破了我国商场同质化严重的局面，而一站式的体验也给消费者的日常生活带来了更强的便捷性和趣味性。

一站式服务：提升商场整体销售业绩

主题商场是我们打造的泛娱乐地产产业链的一个部分。试想一下，如果我们周末准备去野外短途旅行，在什么物品都没有的情况下，应该怎么做呢？

我们需要去超市买些饮品和小零食，还要到服装店购买适合旅行的服装，去户外用品店买些装备，去药店买防蚊虫叮咬的药品。如果要在野外烧烤的话，还应该到菜市场购买更多东西。

要购齐一次短途旅行的所有必备物品，就需要跑遍商场、药店、菜市场等多个地方。但是现在，我们只要在同一个场所就能买到需要的东西。“一站式服务”商场的出现轻松满足了人们的多种需求。

商场经过多年的实践和发展，已经成为各个城市中重要的组成部分，商城的发展经历了兴起和繁荣时期。随着城市化进程的加快，越来越多的商场在国内拔地而起，如此快速的发展似乎也意味着商场必定会经历低迷的时期。

社会的发展不仅拉动了商场的发展，人们的生活水平也在不断提高。人们对商场的需求不仅仅是物质消费，而是扩大到了服务、体验等精神层面。为了满足消费者不断变化的需求，商场也越来越看重建筑设计、环境布局。

如今的商场已经和传统意义上的商场不同，是包含了购物、休闲、娱乐、餐饮等多功能的商业综合体。一站式服务强势进入人们的购物环境，瞬间突破了传统商场原本的功能。

我们熟知的一站式服务商场，大多是在最初单一的购物环境中逐渐丰富起来的。例如很多商场都是在后期引进了娱乐、餐饮等业态形式，因此大多存在共同的问题，如商场面积小导致产品单一，无法打造丰富的购物环境，严重制约着商场一站式服务的形成和发展。

一站式服务的发展一定离不开消费者的需求，因此围绕顾客展开运营的商场才能长久生存下去。一站式服务的发展也是商业发展的一个环节，这一模式存在多种优势。

1. 增强吸引力

当一个地点可以同时满足消费者多种需求的时候，消费者会越来越依赖这里，这就是一站式服务的吸引力。随着人们生活节奏的加快，消费者只能利用碎片化的时间购物，时间少意味着消费者更倾向于快速、便捷的消费方式。一站式服务正好可以满足消费者的这种需求，在为消费者节省时间、提供便利的情况下，还增强了消费者的购物体验。

一站式服务商场满足消费者购物需求的同时，延长了其停驻在商场的时间，通过商场的多种业态形式，能够从消费者群体获得额外的收获。

杭州下沙的蒲公英泛娱乐小镇是国内较大的网红孵化基地（见图6–1），是在商业地产的基础上开创的新思路。蒲公英泛娱乐小镇虽然是一个网红基地，但是从另一方面看也是一个一站式服务的商业项目。

图6–1 蒲公英泛娱乐小镇

整个产业链立足于打造网红产业，包括网红直播、网红培训等内容，同时也融入了24栋单体商业，每栋楼之间相互连接，形成了循环的客流线路。除此之外，产业区还规划了商业街，融入了餐饮、休闲娱乐、品牌等业态形式。

对各种街景进行了精心布置，极大地提高了体验度。这种全新的一站式服务对消费者和网红来说都是极具吸引力的创新思路。

一站式服务在商业市场中越来越突出，多样化的业态形式以及丰富的购物体验成为吸引消费者、延长消费者停留时间的一大利器（见图 6-2）。

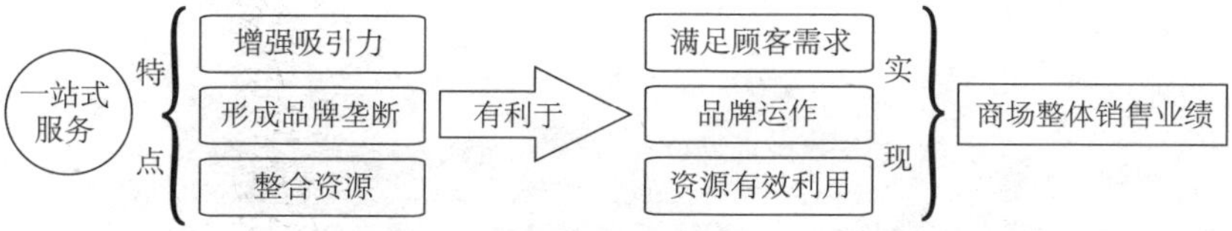

图 6-2 吸客利器：一站式服务

2. 形成品牌垄断

一站式服务在增强吸引力的同时，也增加了消费者对商场的黏性。对消费者而言，这种黏性更多地表现在对商场内品牌的深刻认识。消费者的品牌意识加强，也有利于品牌的打造。

一站式服务有利于商场品牌的运作，消费者的关注度不断提升，使得品牌不断地创新升级。消费者和品牌之间是相辅相成的状态。品牌运作发展得好，对整个商场来说也是一大优势，品牌的长久发展为商场可持续发展提供了动力。

3. 整合资源

一站式服务使得多品牌聚集在同一家商场中，消费者在最短的时间里面对最多的选择。国内的一站式服务商场数量并不少，这些商场有一个共同的特点，那就是资源整合能力强。

宜家家居可以说是一站式服务中最有代表性的（见图 6–3）。宜家在中国经历了 10 多年的成长，虽然没有大规模地扩展版图，但是仍旧在家居装修行业中占据不可动摇的重要地位。

图 6–3 宜家家居

宜家家居通过独特的室内装修和设计、对空间巧妙灵活的利用、自助式选购方式，提供给消费者全新的购物体验。整个商场融合了家居、餐具、灯具等多样化产品。同时在产品设计、销售、服务、生产、物流等方面形成了完整的一站式服务。

除此之外，在宜家家居我们经常看到很多产品都是组合或一体化营销的，不仅整合了产品，而且整合资源，形成了自己的体系。资源的整合使得宜家节省了大量成本，实现了资源的有效配置，增强了竞争力。

一站式服务最终的目的是刺激消费，但是一站式服务的运行也给商场带来了附加效益。资源整合就是附加效益中的一个，资源被最大化地利用，最直接的表现就是降低了成本，使商场在同行业竞争中具有优势。

一站式服务能提升消费者的购物体验，也是商场增强竞争力的方式。一站式服务商场越来越多，所以一定要考虑到差异化，才能持续发展。

情景化购物：有效延长人均逗留时间

早几年，很多购物商场除了整体建筑的外观和室内装潢不一样之外，内部很多品牌店铺以及各种设施甚至连洗手间和服务台的摆放都如出一辙。随着商场的数量越来越多，这种千篇一律的内部构造就更多了。消费者早就对此有了视觉疲劳。为了减少消费者的流失，满足消费者的需求，很多商场开始改变以往的风格，走上了打造情景化购物之路。

位于北京东大桥的侨福芳草地购物中心(见图6-4)，紧邻CBD核心地带，历时20年精细打造，集写字楼、

图6-4 北京侨福芳草地外景图

购物中心、酒店和艺术中心于一体。

侨福芳草地拥有上百件艺术珍品，其中有 41 件达利雕塑。这些艺术珍品的入驻，赋予了侨福芳草地时尚与奢华的气质。与此呼应的是，侨福芳草地囊括了很多世界顶级品牌。顾客可以一边欣赏艺术珍品，一边选购顶级奢侈品。

侨福芳草地将艺术融入购物（见图 6-5），丰富了消费者的感官体验，对购物中心进行了全新定义。

图 6-5 侨福芳草地室内布局

和北京侨福芳草地相似的情景化购物中心还有很多，如上海的 K11、日本的难波公园和香港的朗豪坊。这种情景化的购物方式被越来越多的消费者欣赏和喜爱，这样的购物环境也充分展现了泛娱乐地产项目的特点。

情景化购物被广泛应用，可并不是单单改变商场购物环境，给消费者带来新鲜视觉这么简单。情景化购物实际上是空间环境的升级，其最大的优势就是有效地延长了消费者停留的时间。

传统的商场大都以消费为主、娱乐为辅，而情景化购物与此恰恰相反。情景化购物更加注重营造特定的购物氛围，以娱乐为主，在消费者享受休闲娱乐的过程中刺激消费。

商业地产有各种各样的创新思路，但最终目的都是维护好顾客，满足顾客的不同需求。虽然情景化购物已经被运用，但是大部分商场经营者仍处于摸索阶段。在打造泛娱乐地产过程中也将会融入情景化购物，纵观行业内情景化构建的方法，大致可以从以下几个方面入手（见图 6-6）。

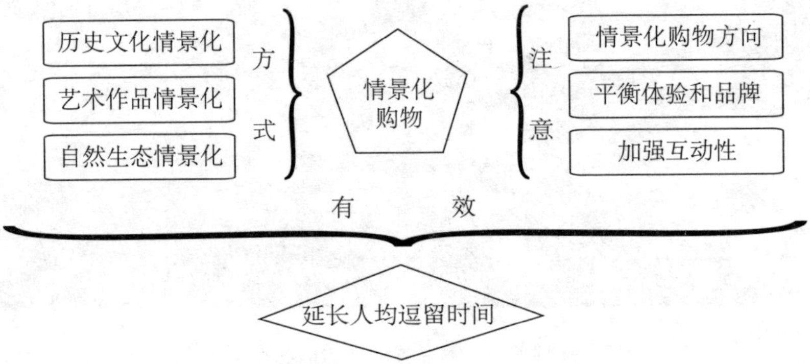

图 6-6 情景化购物

1. 历史文化情景化

老建筑、老街区都是历史文化、人类精神文明的沉淀，它们是一个时期人们生活、工艺水平和社会发展的真实写照。商场情景化融入历史文化，更容易在千城一面的商业地产中脱颖而出。

将商场与传统文化相结合更能凸显出韵味价值，同时还能成为一个区域的标志。传统建筑、风格、文化这些内容是无法复制的，其他商场只能借鉴思路，无法照搬，因为并不是所有地方都适合同样的文化。

以商场作为载体，重现历史文化情景更容易获得消费者情感上的认同。同时与建筑设计风格结合，让消费者可以在真实的环境中体验到历史的韵味。

上海新天地，这就是在标志性建筑石库门的基础上进行改建的。是在历史文化的基础上打造出来的具有代表性的商场（见图6–7）。该项目修缮、改造了原始旧建筑，同时融入了商业这一新功能，使传统文化与实体商业完美融合。

图6–7 上海新天地外景图

即使是重新打造，这里依旧可以看到上海的历史文化风貌。加之中西风格的融入，使置身上海新天地的消费者既感受到时尚潮流，又感受到上海老街区的魅力。
这种充满时尚感、历史感的情景化表现使上海新天地不
仅吸引了本地消费者，还成为很多游客的必逛景点之一。

历史的情景化再现是很多商业地产运用的方式，不同地区的历史文化风格与商业结合更容易打造出独特的商业项目。主题商场作为我们泛娱乐地产项目中的一部分，在打造过程中也必将融入当地的历史文化。

2. 艺术作品情景化

如果说历史文化与实体商业的结合是回忆再现，那么商场与艺术相融合就是充满未来感。商场的情景化需要我们创造出具有情感的环境，而各种特色的艺术作品恰巧是情感表达最直接的载体。

每个艺术作品都包含了创作者的情感和意图，商场通过艺术作品情景化，其本质就是将创作者的思想和风格融入商场的空间环境。实际上赋予了商场人的思想和灵魂，也就等同于人格化的表现。

前文提到过的北京侨福芳草地就是将艺术作品融入商业，除此之外，K11、达拉斯等巨型封闭式商场都是通过这样的方式迅速崛起的。艺术创作的添加使商场的购物环境更具个性和创新性。

相关数据显示，这种融合艺术作品的情景化商场在很多一线城市所占比例不断增加，成为商场吸引流量的一大特色。商场与

艺术作品的结合，带来的商业价值是出乎意料的，除了给商场带来差异化的设计感，还增加了趣味性和观赏性。

用艺术突破传统，让顾客消除对商场的审美疲劳，从而拉升消费额。

3. 自然生态情景化

谈及生态绿色情景化商场，日本的难波城应该是经常被提起的。虽然例子老生常谈，但是这种以生态绿色为主线的商场是消费者青睐的对象。清新的空气、绿色的植物是身处闹市的人们追求和向往的。

消费者置身于这样情景化购物环境中，感受到身心的放松、心灵的慰藉和情感的共鸣，能将购物转换成享受体验的过程，更容易延长消费者在商场停留的时间。

情景化的购物环境说到底就是创造一个可以和消费者“对话”的空间，消费者只有在商场中产生情感交流、共鸣，才更容易产生消费冲动。商场情景化的构建是未来商业发展的方向，但要想通过打造情景化获得真正的价值，还需要注意以下几点。

（1）结合自身发展方向

商场情景化构建的关键在于方向，情景化购物不单单是为了顺应市场和消费者的需求变化，还需考虑到自身的发展方向。情景化购物环境虽然有效，但是一成不变的情景设定早晚还是会让消费者失去兴趣。因此，当做情景化选择的时候，一定要考虑到未来发展方向和情景化内容如何不断创新和发展。

（2）体验和品牌之间的平衡

情景化虽然是围绕消费者需求展开的，但同时也应该兼顾到品牌。情景化的最终目的是促进消费者产生消费行为，此时的重点也必将重新落在品牌上。因此，情景化打造还需要品牌的配合，要让商场中的品牌融入情景。

（3）加强互动性

场景化并不是单纯地改变硬件设施、装修设计等，情景化的重点更倾向于和消费者之间的互动性，只有让其获得真实体验才能增加黏性。

主题商场成功打造情景化购物看似并不困难，实际上要真正完成情景化还需要细细打磨。

明星餐厅：从个人 IP 到商场地标

泛娱乐地产在打造主题商场的过程中，除了营造情景化的购物环境，引入明星餐厅也是重要的运营方式。年轻人作为消费市场的主力军，对明星餐厅并不陌生。很多消费者光顾明星餐厅不仅仅是为了一饱口福，更多的是追随偶像的步伐，近距离接触明星。

明星开店早就屡见不鲜，这些餐厅具备的商业价值是不可估量的。明星自带 IP 和流量，因此很多明星开餐厅不用做过多宣传，单靠自身的名气就能引来众多粉丝。

相较于给某些品牌代言，开餐厅是明星粉丝经济最直接的变现方式。明星开餐厅不仅能给自己带来更多的经济效益，还能带动周边区域的人气。这也是很多商场选择引入明星餐厅的重要原因。

周杰伦决定在北京朝阳大悦城开一家餐厅（见图 6-8），消息一出引来了粉丝们的广泛关注和众多媒体的争相报道。

图 6-8 周杰伦在朝阳大悦城开的餐厅

开业当天早晨就有众多食客和粉丝在店门口排队，队伍长达几百米。有的粉丝很早就在商场门口等候。临近中午，在餐厅门口排队的人有增无减。开业首日餐厅实行“限号”制度，但是依旧无法挡住高流量。

除此之外，餐厅的开业带动了朝阳大悦城的人流量，还使得整个商场出现拥堵的场面。很多食客由于等待时间漫长只好选择在大悦城内的其他餐厅就餐，这就是明星餐厅的带动效应。

明星自身具有强大的感染力和影响力，因此对自身 IP 衍生出来的餐厅、产品同样具备先天优势。而商场引入明星餐厅，不单单是看中其自身带有的强大流量，更看重的是明星餐厅的附加值。

由于缺乏客流，商场对明星餐厅的需求越来越迫切，商场希望借助明星餐厅，在实体商业中突出重围。餐饮成为很多商场的重要组成部分，很大一部分原因要归结到体验式消费的到来。

在商场过去几年的发展中，餐饮业态占据比例不超过20%，但是随着消费者越来越重视体验，餐饮在商场中的占比不断增长，有的商场甚至为了挽留人气餐厅，使出浑身解数打出各种补贴优惠政策。可见，明星餐厅对商场而言意义非凡。

1. 增加顾客黏性

在过去商场招商环节中，服装所占比例是最高的，很大一部分原因是服装的利润更高，而餐饮的利润微薄。

但是受互联网发展的影响，人们的消费方式已经网络化。电商平台冲击了传统服装行业，可网络化的消费行为对餐饮行业的影响并不大，大多数人仍喜欢在店里享受美食，这使得商场不断提高餐饮的占比。

餐饮行业成为商场打造体验式消费的关键，而其中明星餐厅是最具先天优势的类型。明星餐厅以明星个人IP为核心，受众范围广、流量大，很大一部分流量具有极高的忠诚度。

因此，主题商场引入明星餐厅，相当于直接收获了明星自带的粉丝流量，粉丝对明星的忠诚度更容易转换成对商场的黏性。

2. 消费群体集中

明星餐厅除了自带流量，相对集中的消费群体也是其一大特色。消费者对明星餐厅的追捧很大一部分来自于明星本人的个人魅力。说到追星，可以很容易地发现不同年代的人所欣赏的对象不同。

这使得明星餐厅吸引到的消费主力群体相对集中，消费群体的集中意味着他们的需求也趋于一致，商家就更容易满足他们。如今，90 后是消费市场的主力，他们的消费观念更加超前。

年轻消费群体的需求多元化，很多商场无法满足。如果把握住了明星餐厅高度集中的消费群体，商场就可以有针对性地引导他们，相对来说更容易转化成经济效益。

3. 促进商场地标的形成

明星开餐厅，粉丝最关心的一个问题就是：在哪里？粉丝对明星的支持往往会表现在看明星演唱会、购买明星周边产品、光顾明星餐厅……

金英汇拥有众多明星餐厅的 IP 资源，例如任泉的“蜀地传说”（见图 6-9）。“蜀地传说”是一家火锅店，1998 年任泉开了第一家餐厅，名为“蜀地辣子鱼”，之后逐渐发展为连锁店，在上海、北京等地开了多家分店。

任泉的餐厅算是在明星餐厅中较为成功的一个，开业的第一个月就开始盈利，到了第三个月人气和热度依旧不减，餐厅甚至排起了长队，为“蜀地传说”打响了知名度。

“蜀地传说”的成功不仅让任泉获得了经济效益，更使得“蜀地传说”所在的区域或商场成为热门地标。

图 6-9 任泉“蜀地传说”餐厅

对很多慕名而来的顾客来说，记住“蜀地传说”所在的地标就能准确地找到餐厅的位置。

明星餐厅往往比普通餐厅更具商业价值，明星餐厅的人气往往会带动商场地标的形成，这就是明星餐厅给商场带来的潜在价值。一旦形成地标，就意味着商场将成为标志性的建筑，会成为消费者的消费首选场所。

在消费者越来越重视购物体验的情况下，餐厅是最直接的体验方式。因此餐厅在商场中的地位不容忽视。

作为餐厅中最具话题的明星餐厅，除了带来人气和流量外，也是打造核心 IP 的关键，结合明星餐厅的效应将会让不断延伸和扩展的 IP 发挥最大的价值。

主题活动：利用活动的知名度及推广度增加客源

举办主题活动也是增加流量、扩大商场知名度的一种方法。

泛娱乐地产提倡娱乐带动人气，因此主题活动是不可缺少的形式之一。商场举办主题活动，不单单是为了寻求差异化，更是利用活动的知名度和推广度提升客流量，从而给商场注入活力，营造购物氛围，增加经济收益。

香港海港城购物中心举办了“大黄鸭”主题展（见图 6–10），这一活动给商场带来了客流量，还获得了丰厚的经济收益。相关资料显示，海港城购物中心在活动举办的当月，客流量增长 20%，销售额同比增长 16.3%。

上海 K11 商场举办的莫奈特展，成功吸引了约 40 万人次的客流量，同时带来了 20% 的营业额增长幅度。

Hello Kitty 主题活动、蜡笔小新主题活动、泰迪熊主题活动……各式各样的主题活动逐渐成为商场的吸客手段。

图 6-10 “大黄鸭”主题展

主题活动的背后是消费者购物体验的增加和消费行为的产生。那么一场主题活动为何能有如此大的影响力呢？为什么会成为很多商场吸引流量的利器呢？可以从主题活动的商业价值来分析，如图 6-11 所示。

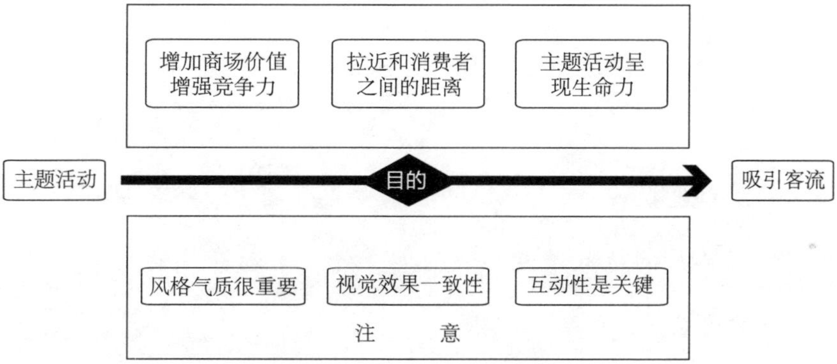

图 6-11 主题活动的商业价值

1. 增加商场价值，增强竞争力

受电商平台的冲击，各大商场只能最大限度地发挥实体商场的优势，即体验感。这是电商平台无法提供的。

网上消费最大的缺点就是无论消费者购买什么产品，购买之前都是无法体验产品的。而这恰恰是实体商场的一大优势。因此，除去完善消费者对实际产品的体验，大大小小的主题活动也成为商家完善消费者体验的方法。实体商场把“体验”这一优势发挥得淋漓尽致，增强了商场对抗电商平台的竞争力。

主题活动吸引消费者前往参观欣赏。一些知名度高的活动也会给商场带来一定的人气和热度，比如魔兽展、哆啦 A 梦展以及大黄鸭展。这些主题活动本身具有一定的人气和话题性，因此商场往往会享受到这些主题活动带来的附加值。

在上海举办的“白色晚宴”，国内比较少见，在国外却不一样。

“白色晚宴”是巴黎的传统节日，创始于 1988 年，约有 30 年的历史。这个主题活动的最大特点是参与者必须着白色服装参加晚宴，并且需要自带酒水、食品、餐具。宴会举行的地点是最神秘的，一般在活动开始前几个小时才会公布。

不仅如此，参与者还必须选择乘坐公共交通工具到达会场。这种个性化的晚宴受到很多人的追捧，日本、俄罗斯也曾效仿。2016 年 5 月 28 日，上海也举办了“白色晚宴”主题活动（见图 6–12）。

图 6–12 上海“白色晚宴”

活动举办当晚吸引了众多国内外的帅哥美女，这次活动的举办不仅让“白色晚宴”活动在国内打响了知名度，对协办单位坎布里奇·金英会以及活动赞助商而言都不失为一次良好的品牌宣传。

“白色晚宴”在上海成功举办，也让我们看到了主题活动在打造泛娱乐地产过程中的重要作用。

2. 拉近和消费者之间的距离

商场举办主题活动是架起商场和消费者之间的桥梁，消费者通过主题活动加深了对商场、对品牌的认识。

利用主题活动的趣味性和互动性，可以增强消费者对商场的黏性，而且消费者参与主题活动也为商场提供了数据分析的基础。通过分析参与活动的消费者的性别、年龄和偏好，可以勾勒出消费者的基本“画像”。

“画像”的内容对商场今后的管理运营可以起到指导作用，深入了解消费者需要什么，才能清楚如何满足消费者需求，需求得到满足后自然而然会对商场产生信任感。如此一个良性循环的过程，对各个主题商场而言绝对是利好。

3. 主题活动呈现生命力

大家都知道传统商场包含品牌、娱乐、餐饮等多种业态形式，但是走访多个商场后，我们发现，这些所谓的完善消费体验的业态形式大多“中规中矩”地存在于商场的各个角落。

缺乏流量的店铺冷冷清清，毫无生命力，由此看来，商场虽然打着完善消费者购物体验的旗号，却并没有真正落实。商场中所有的业态形式没有真正“活跃”起来是无法拉动流量、带动人气的。

主题活动成为极具有生命力的商场业态形式。通过主题活动，同时打造商场和品牌门店，在吸引流量的同时，也带动很多门店参与其中，不仅提高了顾客的参与度，还能让品牌门店焕然一新，更具生命力。

只有整个商场都富有生机，才能全面完善消费体验，延长顾客在商场停留的时间，从而引导其在娱乐、餐饮、游戏等业态中消费，提高商场整体的经济效益。

主题活动的举办虽然能带来一定的商业价值，但是也需要注意，并不是任何主题活动都适合，不同的商场可以根据自身定位和相应目标消费群体，举办符合消费需求的活动。

（1）风格气质很重要

主题活动是具有辨识度和情感的，是整个商场价值观的体现，因此在选择活动主题的时候一定要结合商场的品牌定位、经营理念，选择与商场风格气质相吻合的主题活动，才能以活动为“代表人”和消费者之间进行情感交流和互动。同时，消费者也能清楚商场要传递的真实信息是什么。

（2）视觉效果一致性

商场在打造主题活动的时候，一定要注意整个商场的环境布局是否满足主题的视觉要求。主题活动的举办不单单是部分区域环境的改变，而是整个商场配合进行改造，保证视觉效果上的统一。如此才能营造出情景化、规模化的购物环境，给消费者带来视觉上的震撼和真实的购物体验。

（3）互动性是关键

举办主题活动的目的是近距离了解消费者，完善消费体验从而刺激消费。因此活动的互动性是关键，带动消费者，才能实现最终目的。

各大商场主题活动的成功举办，让我们清楚地看到了结合主题活动的价值是未来商场发展的趋势。但是，如何深层次地挖掘消费者，不断对主题活动进行创新，让主题活动深入商场的运营，仍然是整个业界需要探究和思考的。

第七章

主题酒店：星级之外的全新风向标

在传统酒店发展止步不前的情况下，主题酒店的出现打破了行业僵局。一时间主题酒店成为行业发展的新趋势，甚至正在逐步取代星级酒店。在各行各业都在讨论转型、升级、发展的时期，传统酒店也面临转型。主题酒店这一新模式的出现成为传统酒店转型的风向标，主题酒店以其个性化、差异化、文化性和体验性等特点成为行业中竞争力最强的一方。

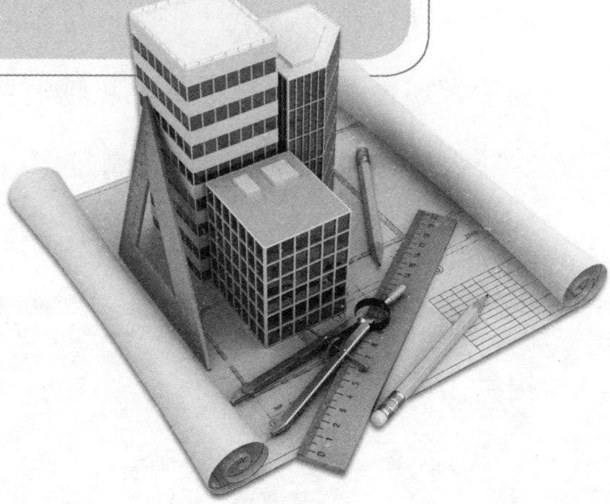

服务升级：以个性化服务取代常规服务

商场转型的目的是完善消费体验，从而收获更多的流量，刺激消费。对酒店而言，经营思路的创新往往是为了提升满意度，增加顾客的二次消费行为，进而带来经济效益。

随着酒店运营思路的创新，在服务方面也实现一次次的突破。酒店给消费者提供最多的是服务，而消费者对酒店服务的满意度也决定着酒店的经营能否成功。服务虽然是酒店给予消费者的无形和无价值的商品，但是有着至关重要的作用。

简而言之，服务是一个酒店的灵魂。随着消费的升级和多元化，酒店之间的竞争逐渐转变成服务的竞争，个性化的酒店服务必将取代常规性服务。个性化服务是酒店针对消费者的需求提供的区别于常规性服务、符合甚至超越消费者预期的服务。目的是让顾客获得心理和精神上的持续满足，从而获得顾客的忠诚度和黏性。

和传统商场转型为主题商场一样，酒店个性化服务思路的提出也是为了完善消费的体验。在酒店行业中已经有不少商家开始提供个性化服务。

百年酒店希尔顿是美国酒店行业中的佼佼者。酒店以“微笑服务”为经营理念，以豪华舒适体验为目标，发展迅速。当前，希尔顿酒店已遍布全球，在 90 多个国家和地区共拥有近 4 000 家酒店，是全球酒店中的一大品牌（见图 7–1）。

图 7–1 北京王府井的希尔顿酒店

有着“旅店帝王”之称的希尔顿酒店会为进店的每个消费者建立专门的档案，档案中记载着顾客的喜好和需求。例如，档案中记录了某位顾客喜欢玫瑰花，在下一次入住时，他打开房间就可能看见自己喜爱的玫瑰花。

希尔顿酒店的个性化服务理念不断创新，有的希尔顿酒店有专门的公务旅客楼层，酒店还为顾客提供了整理行李、擦鞋、代约时间等服务；有的希尔顿酒店还在电梯上专门添加了盲文显示标，方便盲人使用。

各种个性化服务在希尔顿酒店充分应用，甚至酒店会根据顾客的喜好布置房间。希尔顿酒店凭借着高品质和个性化服务，给消费者留下了深刻印象，也使得希尔顿酒店业绩不断攀升。

服务不仅是高端酒店竞争的要点，低端酒店也应提供个性化服务，全面满足顾客需求，才能取得长久稳定的发展。

在泛娱乐地产中，以娱乐带动消费的目的就是完善消费体验，而这种体验式消费不可缺少的就是个性化服务。

主题酒店和主题商场一样，都是泛娱乐地产涉及的场景，因此对于酒店的经营管理，我们也应注重个性化服务。常规服务往往更加注重程序化和规范化，个性化服务则更强调灵活性。

希尔顿国际CEO克里斯托弗·纳塞塔曾表示，促进长久发展和再投资的方法，就是提供顾客想要的，以及“他们想要埋单”的服务。因此，主题酒店结合个性化服务对整个酒店的经营有其重要意义（见图7-2）。

1. 有利于创造独有品牌

酒店之间激烈的竞争并不亚于商场之间的竞争，各主题酒店在争夺市场份额时，一般都会在室内外装潢、硬件设施、功能区、酒店清洁度等方面加大投入。这使得市场上的酒店大都相同。同质化酒店越多，给消费者提供的选项就越多，此时消费者考虑的

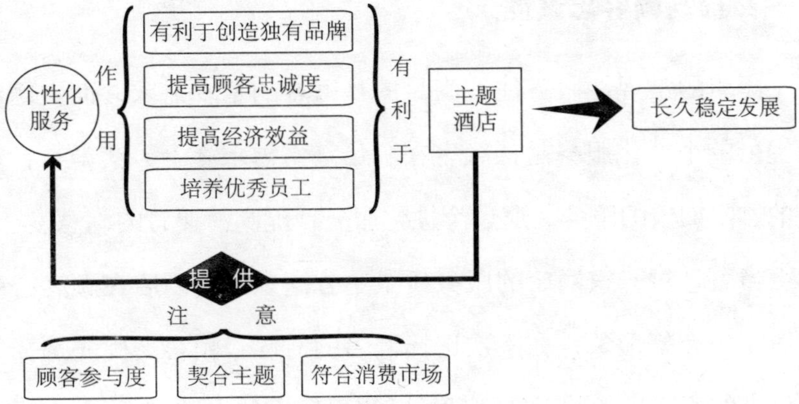

图 7-2 个性化服务的意义

就不再是品牌而是价格，这也是很多老牌酒店逐渐失去流量的原因。

为了减少资源浪费和盲目跟风，主题酒店应该将竞争重点放在差异化经营上，用个性化的服务打动消费者。主题酒店大多会引入某一 IP 或主题为核心，使酒店的装修风格、环境设计和气氛都围绕这一特定主题展开。

因此，个性化服务也应该融入主题中，服务是衡量一个酒店质量的关键。酒店创造的个性化服务有利于与同行业的竞争对手形成差异，不仅能增加企业自身竞争力，还有利于树立品牌形象。

准确的目标群体定位是主题酒店的一大特点，为了争夺同一消费群体，酒店的主题很容易被竞争对手模仿，而个性化的服务是同行业竞争中最不容易被模仿的，因此个性化服务为主题酒店在竞争中带来优势。

2. 提高顾客忠诚度

酒店的常规性服务往往满足的是顾客的基本需求，而主题酒店提供的个性化服务是让顾客在满足基本需求之上，获得有针对性的、附加值的服务。通过个性化服务，提高消费者的满意度。

当顾客对一家酒店的服务质量十分满意时，酒店在顾客心中就有了一个好形象，在下次选择酒店的时候，顾客会优先选择满意度高的酒店。长此以往，就培养出了顾客的忠诚度。

3. 提高经济效益

酒店在吸引更多忠诚顾客后，意味着回头客多了。一旦流量不断增加，那么主题酒店也必将形成一定的知名度，树立了品牌形象，同时能获得品牌带来的巨大流量和经济效益。

4. 培养优秀员工

酒店服务升级不仅需要有创新的思路，还需要有优秀的员工配合。提供个性化服务的过程中，酒店员工起到了关键作用。酒店员工是直接面对顾客的，在提供个性化服务的同时员工也能认识到自己工作的重要性，学会分析和观察顾客的偏好。

个性化服务对酒店员工的应变能力有很高的要求，员工只有认真揣摩顾客的心理，才能灵活地、有针对性地提供好服务。

主题酒店服务升级，以个性化服务取代常规服务，是酒店创新改革的重要举措，也是行业未来的一大发展趋势。个性化服务在主题酒店运营中发挥着重要作用，成为影响酒店经济效益和客流量的直接因素。而主题酒店在进行个性化服务开发的过程中，也一定要遵守以下几点原则。

1. 顾客参与度

主题酒店提供个性化服务相当于给顾客创造了更多机会，使顾客体验到主题带来的乐趣。因此酒店提供的个性化服务应该全方位地提高顾客的参与度，让顾客从感官体验上升到精神层面的体验。

2. 契合主题

主题酒店意味着酒店的一切运作都围绕主题，在开发个性化服务过程中也应契合主题。要将主题酒店的各种服务和活动集合在一起，加深顾客的印象。任何个性化服务都将支持酒店主题的运营。

3. 符合消费市场

主题酒店开发个性化服务一定要了解市场和顾客的基本需求，不能过于超前甚至脱离消费者。主题酒店服务升级不仅要适应酒店内部的运作，还要符合市场发展的需求。

总而言之，主题酒店的个性化服务开发一定要围绕顾客的需求进行，使服务与主题相融合，才能在提高自身影响力的同时，给整个酒店行业带来更多创新的思路和运营方式。

突出差异：主题酒店的战略出发点

旅游逐渐成为人们生活的重要部分，国家旅游局发布的数据显示，我国 2016 年上半年国内旅游人次同比上一年增加了 10.47%，达到了 22.36 亿人次，同时带来了高达 2.25 万亿元的总经济效益。

旅游业在国民经济中的地位越来越重要，旅游人次的增长带来的不单是经济效益的提高，同时也使得酒店行业的规模不断扩大。大大小小的酒店落地营业，但由于数量的增加，很多酒店逐渐丧失了吸客能力。

在如此激烈的市场竞争下，传统酒店不得不面临转型。除了实体经济带来的剧烈冲击，传统酒店也受到了互联网平台的打击。伴随着 Airbnb、木鸟短租、途家、HomeAway 等多个平台的火热，传统酒店的转型迫在眉睫。

传统酒店要想抛弃价格竞争，以其他方式吸引顾客，必然要形成自己的特色，突出差异。如果成功转型为一家主题酒店，那么会因为拥有核心竞争力而找到突破口。

泛娱乐地产以 IP 为核心，为了发挥 IP 的最大价值，会将 IP 广泛地应用于各个场景，而主题酒店就是其应用场景之一，通过 IP 改变商业综合体无流量的这一现状。

通过打造主题独特的调性来满足消费的选择标准，是主题酒店的发展战略出发点，也只有充分突出差异才能形成竞争优势。

北京什刹海的四合院主题酒店群是国内比较有特色和差异化的主题酒店。该地区包括什刹海皮影文化主题酒店、紫檀文化主题酒店等（见图 7-3）。

图 7-3 什刹海的四合院主题酒店

四合院是北京最有特色和风格的代表性建筑，一直以来都是国内外游客所青睐的对象。什刹海紫檀文化主题酒店重点突出的是各种紫檀高端家具，每件家具价值不菲，十分罕见（见图 7-4）。

图 7-4 紫檀文化主题酒店内饰

将四合院作为酒店进行开发，是历史建筑的传承，也是酒店创新开发的表现。四合院式酒店本身就很少见，再加上什刹海是京城特色文化比较浓郁的地区之一。

这里的主题酒店在突出自身主题的同时，结合了地区文化氛围，从而更加具有鲜明的特色，与其他主题酒店形成了差异化，这是其核心的竞争力。

突出的差异化是主题酒店战略发展的出发点，差异不仅仅表现在酒店装潢和环境设计上，更多地是表现在为顾客提供的独特价值上。那么主题酒店如何突出差异呢（见图 7-5）？

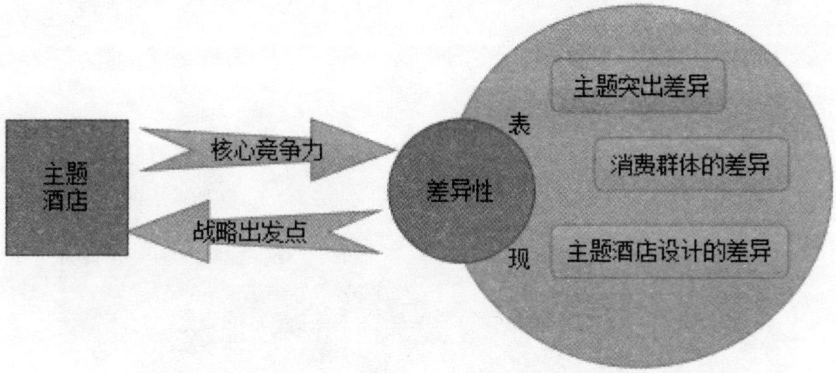

图 7-5 主题酒店突出差异

1. 主题突出差异

传统酒店更侧重于功能性，主要是为顾客提供休息的场所。主题酒店则不同，它侧重于给顾客营造不同的氛围，更加注重提升顾客的体验。酒店的每个房间都是独一无二的，各种主题元素被充分地展现出来。

因此，对主题酒店而言，要想提高体验度，营造氛围、体现差异是关键。不同的主题会给酒店带来设计、服务甚至细节上的差异，从而给顾客提供不同的体验内容。

酒店选择主题的范围十分广泛，很多创新内容都可以成为酒店的主题。以地区的风俗和文化为基础选择主题，能得到当地顾客的认同，进而吸引更多外来游客。

美国拉斯维加斯著名的金字塔酒店 Luxor，整个酒店的外观是金字塔形状，是世界上最神秘的酒店（见图

7-6）。酒店内有很多古埃及文化艺术和现代科技结合的产物。

图 7-6 拉斯维加斯金字塔酒店

该酒店以古埃及文明为主题，酒店的房间被设计在金字塔里，房间的设计风格也沿用了古埃及的风格。每个房间都摆有古埃及的木质雕刻家具。酒店中还设计了尼罗河，入住的顾客都是乘坐专用的小船经过河道进入房间。

除此之外，酒店还设计了“金字塔的秘密”等游乐设施，酒店随处可见各种古埃及雕塑。金字塔前的狮身人面像到了夜晚头顶还会射出一道光，是全球最强的探照灯。酒店的一切都围绕着古埃及的主题。独特的主题风格，体现了差异化，使得金字塔主题酒店在全球都享有盛誉。

虽然各种主题给顾客带来的感受不同，但是提高顾客体验度是其一致的目的。需要注意的是，各个主题酒店都在追求差异化，但是其本质是一样的，主题酒店有着相同的运营模式。各主题酒店应处理好运营模式和主题之间的关系，既要保证正常运作又要突出差异，才能使主题酒店拥有核心的竞争力。

2. 消费群体的差异

主题酒店突出的差异还表现在不同的目标消费群体。客源是一个酒店得以生存的重要条件，选择什么样的消费群体是整个酒店定位的核心内容。

主题酒店对消费者的选择比较有针对性，这也是主题酒店突出差异化的一个表现形式。就像国内很多以“爱情”为主题的酒店往往针对的是年轻的情侣，而以卡通形象为主题的则更倾向于吸引有小孩的家庭。

不同类型的主题酒店总会吸引特定的消费群体，这也是很多传统酒店不具备的特点。目标消费群体不同，酒店对消费者需求的研究和提供的相关服务也会有所不同，从而根据消费者的不同类型建立起差异化便成为主题酒店的竞争优势。

3. 主题酒店设计的差异

主题酒店在室内装潢和环境上很注重设计，经常会选更丰富、更鲜亮的颜色，营造的氛围浓厚。而传统酒店往往突出舒适感，因此在装潢设计上比较单一。国内很多酒店中规中矩，没有加入太多的设计感，而一些主题酒店，在设计上与普通酒店相比有更多差异（见图 7-7）。

图 7-7 普通酒店和主题酒店对比

主题酒店在设计中突显出差异性，使顾客置身酒店时有独特的体验，从而提高竞争力。如今人们对酒店的理解不再是一个休息的场所，更多的是一种体验。

主题酒店的差异表现在方方面面，从酒店的硬件设施到软装、从基本服务到个性化服务等都充分体现出主题酒店的独特之处。在同质化竞争环境中，主题酒店的出现突破传统的酒店模式，给顾客带来了酒店基本功能之外的附加体验感。这种突出的差异性将会是主题酒店在市场上获得有力竞争的优势。

文化内核：酒店执行的具体战术

文化作为一个酒店的内核，主要传达了酒店的不同内涵。主题酒店的文化和传统酒店的文化是两个不同的定义。传统酒店往往定义为提供休息的场所，因而传统酒店的酒店文化就是服务。主题酒店则是在服务的基础上融入人类文明的物质和精神，这也是主题酒店被称为文化主题酒店的原因。任何一个主题酒店都是围绕一个核心内容进行全方位的开发，因此主题酒店的文化性质十分突出。

在酒店行业经历了价值竞争和质量竞争之后，文化之间的竞争将成为日后主要的方向。文化主要是通过主题酒店的环境、服务、产品等设计凸显出来的，而这种文化氛围的营造也已成为酒店行业的一种趋势。

如前文提到的拉斯维加斯的金字塔酒店，该酒店除了独特的主题外，酒店通过装潢、建筑设计等方面还透出了浓浓的埃及文化氛围。北京什刹海四合院主题酒店群同样营造出了老北京传统文化的氛围，这就是主题酒店具备的文化性。

人们在酒店消费，除了要满足一定的物质享受，更希望身心放松，感受精神上的满足。这种消费观念的转变，使主题酒店在文化氛围的打造上下足了功夫。但是对主题酒店文化氛围的营造并不是轻而易举就可以实现的。

作为整个主题酒店的内核，文化和酒店运营中的很多环节都有着密切的联系，同时提供具体战术的指导（见图 7-8）。

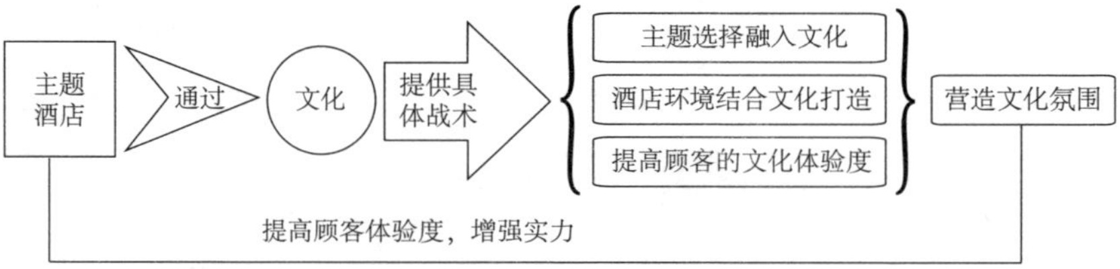

图 7-8 文化为酒店运营提供具体战术

1. 主题选择融入文化

主题从本质上看也是文化的一种，酒店在选择主题的时候往往要与酒店所在区域的历史文化、艺术、自然风光等本土化的内容相融合，才能形成区域特有的风格和个性，同时更容易使酒店文化与环境、市场相协调。

主题与地区文化相结合，才能使酒店融入城市的发展，在协调的环境中突显独特性。假设酒店选择的主题无法与当地的文化和市场定位相融合，那么只会带来负面作用。

2. 酒店环境结合文化打造

主题酒店常常通过环境打造来营造氛围、突出文化，换言之，环境打造是主题酒店突出文化性特征的载体。酒店通过精心设计，围绕主题打造，才能让顾客全方位感受到文化氛围。

在酒店环境中融合文化，不仅指酒店外观，更重要的是酒店内部能让消费者看到文化的成分。例如，我们要打造一个意大利主题的酒店，并不是酒店名字中含有意大利几个字就可以了，而是在酒店的内部融入意大利文化。

主题酒店除了在房间、餐厅、活动等设施中融入文化，在主题产品中也可以充分结合文化因素。主题酒店的产品包括菜肴、房间生活用品等。这些产品都是消费者近距离接触的，也是最容易提高顾客体验度的方式。因此，在主体产品上应该融入更多与主题相关的风格、文字、色彩等。

可以发现，国内很多主题酒店在文化性的呈现方面仅仅停留在酒店服务台、餐厅一些功能区的物品摆放上，通过这些物品来彰显主题酒店的文化，却没有真正地将文化融入酒店的运营和服务中。

3. 提高顾客的文化体验度

主题酒店除了自身环境散发出来的文化韵味，举办一些符合主题的文化活动，也是发挥文化性的一种方式。从酒店的装潢和个性化服务中获取乐趣似乎已经不再吸引消费者了，顾客选择入住某一酒店，常常是因为对酒店的某些特色活动产生了极大的兴趣。

顾客的这些期待无疑为酒店的营销方式拓宽了道路，但同时也给酒店带来了文化展示的压力。因此酒店在专注于硬件设施的布局时，也要适当加入软文化。根据不同的节日或者季节举办主题文化活动以此来吸引顾客的关注。

主题文化活动不仅可以带动顾客的积极性，增强酒店与消费者之间的互动，而且主题活动还能更好、更直观地展现出主题文化。这对酒店来说不仅可以获得可观的收益，还能增强文化氛围。

如今，国内的主题酒店如雨后春笋般快速发展，各式各样的主题酒店层出不穷。这为顾客提供了更多选择，但是在顾客选择了一家主题酒店后，其感受总是差强人意。这就是国内很多主题酒店存在的共同问题，主题酒店过度包装，没有完全地融入主题文化的氛围中，所以给顾客留下的印象并不深刻。因此，主题酒店需要融入更多文化性的内容，让酒店环境和氛围可以相互融合，才能吸引顾客。

文化性是主题酒店的特征之一，它与我们前文提到过的差异性相辅相成。主题酒店通过差异性获得核心竞争力，通过文化来获得更多竞争优势和盈利空间。

独特体验：提升酒店入住率与美誉度

人们的消费需求不断升级，舒适、有趣是消费者选择酒店的重要指标。很多投资者在酒店经营中对顾客的体验度投入更多注意力，当消费者给予酒店的服务高评价时，自然而然对酒店的评价也就高了，从而提升了酒店的入住率。

增强体验性是很多主题酒店运营的目标，也是很多酒店主打的口号。当所有酒店都在提高体验度的时候，体验度的提升就不是一件容易的事情了。正如泛娱乐地产，整个地产项目包含了多个板块，不单单是板块之间要充分考虑到顾客满意度，对整个项目而言，提高消费者的体验度才能让项目辐射到更广的区域。这就需要整个项目在增强体验性的同时和内部区域板块协调融合。

主题酒店的三大特征，即差异性、文化性和体验性，三者之间的关系是相互渗透、缺一不可的。差异性和文化性是主题酒店体验性的具体表现，而体验性是差异性和文化性的最终目的。

在体验的时代，人们更渴望追求与众不同的感知，并获得深刻的记忆。从这一视角出发，主题酒店要想在竞争中胜出，需要在“独特体验”四个字上下工夫（见图 7-9）。

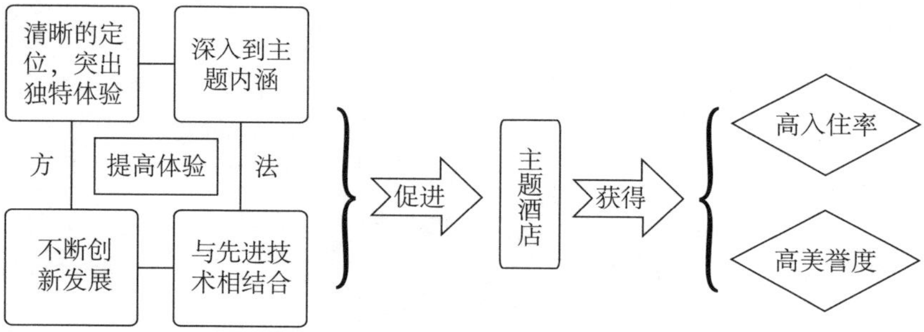

图 7-9 主题酒店突出体验的方法

1. 清晰的定位，突出独特体验

客源是决定主题酒店生死的关键，要想准确地抓住消费者，酒店首先应该有一个清晰的市场定位。酒店清楚自己要开发什么样的主题，才能准确地定位目标消费群体，为消费者需求提供服务。

以服务质量为基础，在此基础上加大对酒店的形象包装、基础设施、文化氛围的深入探究。给消费者创造出优质的酒店环境，并带来特色的体验感，从而吸引更多消费者。

北京东方饭店在整体建筑上与周边的建筑相互融合，以灰色为主要颜色，酒店老楼则是红白相间，像极了电影中出现过的场景（见图 7-10）。

酒店虽然经历了百年的历史，其中房间、餐厅、咖啡厅以及电影院和舞厅依旧保留了最初的风格，所有的一切都围绕着怀旧情调打造。怀旧元素被充分地展现在这个酒店之中，如老式留声机以及后现代的古典家具、各种画像（见图 7-11）。

图 7-10 北京东方饭店外观

图 7-11 北京东方饭店内饰

酒店还会根据不同的纪念日推出相应的主题活动，以及举办手工艺品展、字画拍卖以及文化演出等。

整个酒店在满足消费者需求的基础上，融入了更多体验性的活动，因此获得了源源不断的入住率和美誉度。

2. 深入主题内涵

主题作为酒店的核心内容，在运营过程中一定要全方位围绕主题，但并不是盲目的，而是需要考虑酒店运营的各个环节。只有深入主题的内涵，全面打造，酒店才能长期发展。

主题和 IP 有一定的相似度，我们对 IP 的开发也是全方位的，从 IP 自身到扩展开发，既要发挥 IP 自身的价值也要让其衍生品的价值最大化。因此，酒店对于主题也要做全方位开发。

单从一个层面入手，并不能将主题的价值发挥到最大，也无法保证这样就能给酒店带来持续吸引顾客的能力。除了围绕主题进行全方位开发，酒店还需要结合促销活动、宣传推广等手段，发挥出酒店自身的优势，提高经济效益。

3. 不断创新发展

主题活动虽然是在传统酒店基础上发展的一种新模式，但是创新仍旧是主题未来发展的动力，只有不断创新，为酒店增添更多有特色的内容，才能吸引更多消费者。国内很多酒店都有一个共同点，就是接近各大景区，有着“近水楼台先得月”的优势。

酒店将景区名气和客流量发展成为自己的优势，但是要想获得长久的发展，酒店还需与景区特色风格和定位相融合。在与景区周边其他酒店竞争过程中，要想提高实力，就需要在原有优势的基础上不断创新。

只有创新才能推动酒店进步和发展，提高整体竞争力。

4. 与先进技术相结合

社会的发展必然产生先进技术，而先进的技术恰巧能够给顾客带来不一样的体验。地产行业中，很多主题商场引入了 VR 体验馆，让顾客真实地体验到了科技的新鲜感。

对主题酒店来说，结合各种先进的技术，在激发顾客好奇心的同时，也可以提高体验度。

深圳鹏恒太空舱酒店是以科技、潮流、环保为主题的酒店，也是国内酒店中具有科技感的酒店。

酒店最大的特色是咖啡吧（PH Coffee Bar），这里的咖啡厅服务员完全由机器人代替，机器人会为顾客递上一杯浓浓的咖啡（见图 7-12）。这种先进的科技成功吸引了大量顾客。

图 7-12 咖啡厅中的机器人

技术的引进为顾客带来更丰富的体验，也更充分地显示出酒店的特别之处。

在消费者越发注重消费体验的今天，主题酒店要想在行业中站稳脚跟就必须做到明确定位，深入主题的内涵并不断开发，在此基础上结合先进技术的发展进行创新，只有这样，才能取得可观的收益和长远的发展。

差异性、文化性和体验性是主题酒店的三大基本特征，它们为酒店的发展提供了方向，主题酒店只有充分突显这些特点，才能在行业中脱颖而出。

第八章
主题游乐场：只有特色才能吸引游客

长期以来，主题游乐场都在致力于满足游客的需求，其目的是提高游客满意度，从而刺激游客消费。随着越来越多的主题游乐场的出现，为了从同质化的环境中脱颖而出，主题游乐场唯有发展自己的特色，在项目创意、服务提供等方面下足功夫，才能让游客享受到独特体验，产生深刻记忆，为游乐场带来源源不断的流量。

模式创新：从“游客动机”到“商业契机”

无论朝着什么样的方向发展，主题游乐场的发展深度依旧不减，同时发展模式也在不断创新。各种新鲜的娱乐项目、消费者多元化的需求、IP 的拓展延伸等都是主题游乐场近年来不断尝新的内容。

主题游乐场在我国虽然发展时间不长，但是随着娱乐在人们消费结构中所占比例越来越大，也将游乐场推向了发展的高潮。主题游乐场成为旅游业的重要部分，并形成了一个新的发展趋势。

自迪士尼乐园在上海建成之后，国内本土的游乐场都在面临转型升级的严峻挑战。迪士尼品牌知名度高、影响力大、覆盖面广，对我国本土的游乐场来说的确是一个不小的挑战。

从国内主题游乐场发展的整体现状来看，很大一部分主题游乐场早就处于亏损状态，而上海的迪士尼乐园在运营之后游客爆满，是本土游乐场游客量的几倍。如此之大的差距让很多主题游乐场震颤，却也为本土游乐场的转型提供了契机。

泛娱乐时代的到来，各类实体经济都将转型的方向瞄准了打造主题 IP 的形式。因此，当各个游乐场急需寻找转型方向时，主题游乐场便成为转型方向。游乐场模式的创新意味着要从顾客的消费动机中挖掘出更多有价值的商业契机，才能扭转游乐场经营亏损的状况。

主题游乐场和普通游乐场相比较，最大的区别在于主题游乐场除了具备更多娱乐项目等基础设施外，其空间打造更具有故事性、情景化，园区的功能更丰富多元化。因此对比普通游乐场，可以清楚地看到游乐场模式创新体现在哪些方面（见图 8-1）。

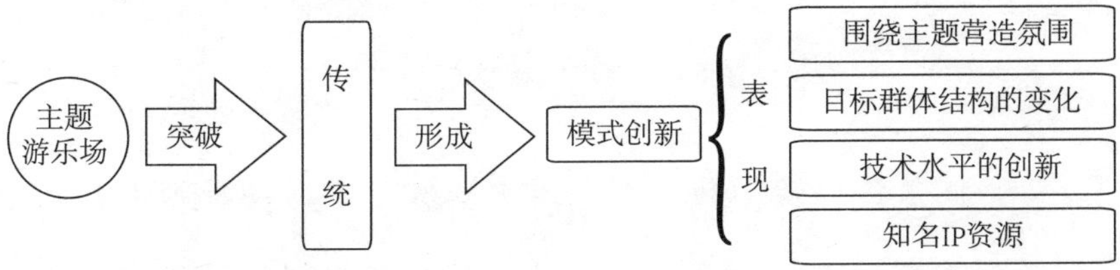

图 8-1 主题游乐场模式创新

1. 围绕主题营造氛围

主题游乐场鲜明的特点就是为游客打造出一个特定的场景，让游客在模拟的环境中唤醒对某一主题内容的记忆。

深圳华强文化集团打造的“方特”是我国知名的游乐场品牌，包含欢乐世界和梦幻王国两个主题品牌，目前已经遍布全国多个地区，以厦门的方特梦幻王国为例（见图 8-2）。

图 8-2 厦门方特梦幻王国

该景区以梦幻为主题，园中融入了卡通动漫形象、科幻等各种娱乐元素，并巧妙地结合了中国传统文化。整个园区在建筑风格和设计上都充满了梦幻和创意，以粉红色为主色调的城堡式建筑，展现出了童话故事中的梦幻场景。

游客在其中既可以体验各种娱乐项目又可以参与不同的主题活动，在恐龙岛可以亲自体验主题漂流历险、在魔法城堡可以欣赏到各种魔幻表演、在宇宙博览会还可以看到各种顶尖的科技……总之，在方特梦幻王国中的每一区域，游客都能切身体验到不同的场景。结合实际布局和环境设计，游客仿佛置身于画境中，这就是主题游乐场带来的体验感。

游乐场通过引入各种主题进行运营，使游客在游乐场中不光可以体验各种娱乐项目，还能感受到园区营造的氛围，参与各种形式的娱乐内容，这是很多游乐场不具备的条件。而主题融入娱乐业态中，会给人们带来更多的新鲜感和创意。

2. 目标群体结构的变化

国内很多游乐场面对的群体往往是儿童或者年轻游客，因此游乐场中的各种娱乐设备都是针对这一部分目标群体而设置的。

主题游乐场弥补了普通游乐场中存在的这些问题，主题游乐场在项目的设置和内部的基础设施等方面完全以游客为导向。无论是老年人、青年人还是儿童都能在主题游乐场中找到适合的项目和活动。

主题游乐场为了更全面地满足游客的需求，专门设计了适合各种年龄段游客的园区，例如北京欢乐谷专门为儿童设计了“蚂蚁王国”，各种娱乐设施都是根据儿童的喜好和风格设定的（见图 8-3）；上海迪士尼乐园专门为老人设计了“奇想花园”，老人可以在园中漫步，参与各种互动；方特主题游乐场设计了很多老少皆宜的娱乐项目，例如“合家欢区”就适合不同年龄的游客尽情玩耍。

主题游乐场扩大了目标群体的范围，让游乐场不再是属于年轻人的场所，融入了多元化的设施建设，全方位地满足游客的需求。

图 8-3 北京欢乐谷“蚂蚁王国”

3. 科技水平的创新

科技水平的发展和创新给主题游乐场带来了不一样的体验。如今的主题游乐场充分结合了各种高科技。从游客到达游乐场的门口到结束活动，都能感受到主题游乐场融入的各种先进科技。

很多主题游乐场的售票口都改成了自动售票窗口，游客可以节省排队时间，游乐场园区中各种数字模拟技术、VR 技术等被融入各个项目中，增加了游客体验度。

安徽芜湖的方特主题游乐场，称得上是亚洲最大的高科技结合的主题游乐场，从开业至今火爆程度依旧不减。

园区大量应用了影像技术，将我们在电影中看到的环境、人物甚至是故事情节都真实地在现实中展示出来。各种立体式的影院不仅带给游客视觉上的冲击，感觉上也获得了体验。芜湖的方特主题游乐场中的大型项目——恐龙危机，就是利用了4D Ride技术（4D轨道立体电影）。

“恐龙危机”项目将立体电影和各种特效结合，逼真地还原出内容。游客通过乘坐游览车，可以在一个遍布恐龙的混乱城市中穿梭，感受恐龙毁灭城市的生死浩劫，整个项目体验惊险刺激（见图8-4）。

图8-4 “恐龙危机”项目

安徽芜湖的方特主题游乐场的“恐龙危机”项目是国际顶级的4D轨道立体电影项目，也是国内主题游乐场与先进技术融合的典范。

4. 知名IP资源

越来越多的主题游乐场将各个知名的IP作为核心进行打造，对于IP产生的经济效益和影响，我们并不陌生。主题游乐场引入IP将在原有的基础上更具竞争优势，依靠IP资源带来的价值远远要比普通游乐场更有效果。

IP的加入更有利于提高游乐场之间的差异性，不断变化升级成为吸引游客的关键，人们更愿意光顾线下的游乐场。引入IP将会给主题游乐场带来更丰富的内容和价值，使主题游乐场在未来行业竞争中占据有利地位。

主题游乐场突破了传统局限，未来，主题游乐场将成为行业的发展趋势。各种丰富的元素更能让游客真实体验到主题所传达出来的精神，在娱乐的过程中领略到各种积极健康的精神。

而要想获得更长远的发展离不开项目运营和发展模式的创新。各个主题游乐场在结合本土化经营的过程中，还应当结合自身条件不断创新，才能满足游客日益变化的娱乐需求，从而促进经济效益，摆脱发展困境。

主题创新：游乐场行业发展的必然趋势

上海迪士尼、浙江的 Hello Kitty 等越来越多的主题游乐场在国内开业，游客不用走出国门就可以体验到这些娱乐项目。随着国外主题游乐场的引入和成功，本土游乐场也开始效仿。

但是，很多主题游乐场都有一个共性，那就是发展运营的生命周期很短，大部分主题游乐场在运营的最初阶段达到了营业高峰期，后面的发展就开始呈下降趋势。

追根溯源就是游乐场主题选择缺乏延展性或者创新性。主题游乐场是以主题为核心运营的，将“主题”的情节故事贯穿整个产业项目。因此，对游乐场而言，只有选择具有特色的主题才能吸引游客，主题的变化和创新必将成为游乐场行业发展的一大趋势。

主题游乐场依靠主题的特色和创新来推动整个项目的发展，让游客融入主题游乐场营造的浓郁氛围中，在主题情节的引导下，获得无法被复制的娱乐体验。具体而言，有如下几点需要注意。

1. 主题结合区域文化

主题烘托出来的文化环境很重要，国内很多游乐场都直接引入国外的 IP 或文化作为游乐场的主题。但对很多游乐场来说，并不是直接引入国外的 IP 或者文化就能改变游乐场的发展现状，带来经济收益。

主题本身就是一种文化，而将主题引入游乐场也应将其具备的文化性充分显示出来。游乐场选择好主题，在发挥主题文化性的基础上融入传统文化，更容易被游客所接受和认同。

南昌的万达主题乐园就将江西省千年的历史文化融入其中。整个项目的打造都以江西丰富的历史文化和自然景观为主线（见图 8–5），同时还加入了江西有名的瓷器文化和鄱阳湖。

图 8–5 南昌万达主题乐园

整个游乐场分为六大区域，有鄱阳渔家主题区域、竹林秘境、世外桃源等，把江西的建筑、传说、文化都淋漓尽致地表现出来。为了弘扬瓷文化，园区还设计了一个雕塑水景，这也是南昌万达主题乐园中最令人惊艳的部分（见图 8-6）。

图 8-6 瓷器主题的大型雕塑水景

整个游乐场除了结合江西特色文化，还加入了世界顶级的娱乐设施，全方位地满足了不同游客的需求。从乐园的硬件设施到高科技设备，南昌万达主题乐园足以媲美很多知名主题游乐场。

在主题中融入区域文化更有助于游乐场打造出独一无二的主题特色，这种具备特殊印记的游乐场很容易引起游客的共鸣，并加深印象。这也是游乐场未来选择主题的方向和趋势。

2. 主题的包容性变得更强

延展性是包容性的一种表现形式，任何一个成功的主题游乐场都是处在不断创新和发展的过程中，因此不能只局限于主题这一概念。要想让主题游乐场长久发展下去，一定要在主题的基础上延伸。

因此，很多主题游乐场在包装主题的过程中，都会在主题的基本内涵和概念的基础上进行延展。例如，将游乐场中的活动表演延展出更多主题，甚至将主题延伸到周边的酒店等都是不断丰富主题、发展主题的方式。

延展的方向越多，主题具备的包容性就越强，就越能顺应环境和社会的发展，同时也更容易适应消费者不断变化的需求。

3. 主题的表现形式多元化

游乐场中的娱乐设施、环境设计、活动表演，甚至是售卖的各种小商品都是围绕主题或者和主题相关的，所有的内容都是围绕着主题呈现的。过去主题游乐场的内容并不丰富，因此在表现形式上也比较单一。

随着社会的发展，主题游乐场被赋予了更多内容，呈现方式也越来越多元化。不单单是游乐场的建筑和环境布局能突出主题，通过活动表演、影片播放、服务人员的着装、餐厅的食物等各个细节都能为主题而服务。

杭州的Hello Kitty主题乐园（见图8-7）以Hello Kitty这一著名IP为主题，开业后受到了全国很多游客的关注。

图8-7 杭州Hello Kitty主题乐园

为了烘托Hello Kitty这一主题，整个项目被打造成粉白相间的城堡，服务人员都穿着和主题形象一致的服装。园区中各种基础设施（如娱乐项目、洗手间、贩卖的商品）都充分显示出了Hello Kitty这一主题，甚至在游乐场餐厅中售卖的甜点和食物都是精心制作的Hello Kitty造型（见图8-8）。

多元化的主题表现形式是主题不断创新和发展的结果，也是主题与实体运营过程中各个环节相互融合的表现。多元化的表现形式更有助于主题乐园营造相应的文化氛围，激发游客的体验和感受，让游客产生满足感。

图 8-8 Hello Kitty 形状的食物

4. 主题类型丰富

过去游乐场选择主题的时候常常是在卡通形象、电影、童话故事等几个选项中挑选，主题类型的单一让很多主题游乐场都出现了同质化现象，甚至一个城市中出现两种以卡通形象为主题的游乐场。

这在一定程度上会造成游客的视觉疲劳。而随着社会的发展和人类思维的开拓，越来越多的主题类型被开发出来，有的游乐场以穿越历史为主题，有的以探索未知世界为主题，各种形式的内容都能作为主题进行开发。

说到主题，我们不得不提被捧得火热的 IP 这一概念。各种文艺 IP、娱乐 IP、文学 IP 都能成为游乐场主题类型。丰富的主题类型让城市中的主题游乐场更具独特性，同时也给游客带来独一无二的体验。

主题的丰富发展和不断创新是游乐场行业的发展趋势，有特色的主题才能吸引游客，而包容性强的主题才能促进游乐场的长期发展。

规模突破：用规模突显主题

随着游乐场带来的经济效益，越来越多的投资商和开发商将目光盯紧这块肥肉，使得我国的主题游乐场建设先后出现了多次热潮。

我国第一次出现主题游乐场建设热潮大概在 20 世纪 80 年代初，主要在我国东部的一些城市，如广州、深圳、珠海、上海。当时的游乐场设施比较单一，只有碰碰车、旋转木马等。

到了 20 世纪 80 年代末，深圳建立了一个名为“锦绣中华”的主题乐园，这是国内真正意义上的主题乐园。之后随着社会和经济的发展，各种主题游乐场明显增多，主题游乐场的特点也逐渐显现出来。

随着主题游乐场的发展，规模的突破成为其中最为显著的特点，具体表现如下。

1. 面积不断扩大

主题游乐场规模突破最明显的表现就是游乐场的占地面积不断扩大。我们大致了解到国内几大主题游乐场的规模，其中迪士尼乐园的占地面积达到 3.9 平方千米、北京欢乐谷的占地面积为 0.56 平方千米、沈阳方特欢乐世界占地 0.5 平方千米。

各个主题游乐场的规模都不小，面积不断扩大的同时，游乐场的内容也得到了丰富。

2006 年开放的北京欢乐谷，最初开放时游乐场占地面积是 0.54 平方千米，后来又增加了二期、三期的游乐场地，共占地 0.56 平方千米。

游乐场占地面积的扩大，随之增加的是场内各种娱乐项目的增加和各种基础设施的完善。据其官方网站介绍，整个游乐场包含了多个文化主题区域、50 多种主题景观、10 余种表演以及 30 多种娱乐设施（见图 8-9）。

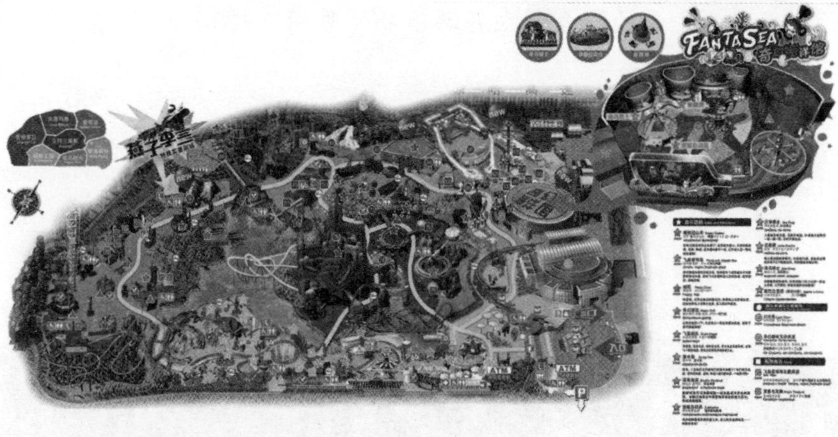

图 8-9 北京欢乐谷平面图

面积规模的不断扩大，使主题营造出来的神秘和梦幻氛围十分浓郁。更多有创意的设计被植入其中，同时也充分将主题的内涵表现了出来。

2. 游戏设施增加

主题游乐场规模的突出还表现在游戏设施的增加上。伴随着主题游乐场面积的增加，园区也必将引入更多娱乐设备，才能不断丰富主题。

各种游戏设施的增加，从表面上看只是为了丰富游乐场的内部，实际上综合考虑到了游客的需求。多元化的游戏设施能有效地提高游客满意度和体验度。游客通过体验各种娱乐项目，好感度一旦增加就会给主题游乐场带来一定的口碑传播效应，从而给游乐场带来源源不断的流量。

中华恐龙园就是国内较早建立的主题游乐场，该游乐场涵盖了教育、艺术、娱乐、商业等多种功能，是以恐龙为主题的综合性主题游乐场（见图 8-10）。

图 8-10 中华恐龙园

为了给游客创造优质的体验环境，中华恐龙园斥巨资改造了游乐场中比较受欢迎的娱乐项目，对过山车和疯狂火龙钻两个项目的游客等候区进行了改造。

通过对硬件设备的大规模投入来增加主题游乐场的服务品质，在满足游客需求的同时提高了整体竞争力。

3. 产业链不断延长

规模越大，就有越多的发展空间发挥主体价值。主题游乐场在不断发展的过程中，也在不断规划各功能区，使得主题游乐场不单单以娱乐项目为主要功能，同时还开发出了各种商业街、美食餐厅、住宿酒店等。

各种产业被融入主题游乐场中，游客可以在主题游乐场体验到一站式服务，这就是规模扩大带来的优势。例如，香港迪士尼乐园就布局了酒店、餐饮、休闲娱乐等多种功能。这些功能延伸和扩展了主题，充分发挥了主题的内涵，同时也是主题游乐场增加盈利空间的手段。不断延长的产业链使主题游乐场在未来的发展中，规模不断扩大，辐射的内容也更加宽泛。

4. 影响规模扩大

随着国内主题游乐场数量的增加，其规模效应和品牌影响力也在扩大。主题游乐场规模带来的影响主要表现在两个方面，即消费群体和区域经济。

当主题游乐场成为消费热点之后，各游乐场为了在激烈竞争中脱颖而出，只能不断创新升级，在这一过程中反而刺激了游客的再次消费。游客和主题游乐场之间是相互推动、循环发展的过程。

主题游乐场的影响还体现在对区域经济的作用上。主题游乐场可以带动本地旅游业的发展，这一点作用是毋庸置疑的。各个地区的主题游乐场具备的优质口碑和品牌影响力，可以不断地吸引外来游客的关注和光顾，从而带动经济发展。

实体经济萧条使很多行业面临转型的局面，商业地产模式逐渐转变成以 IP 为核心的泛娱乐产业，越来越多的行业都在向娱乐业靠拢，而以主题游乐场为首的各种娱乐产业，将推动商业的开发，成为带动经济发展的新机遇。

以广州长隆旅游度假区为例，整个度假区涵盖了城市、森林、海洋三大主题。其中长隆水上乐园是全球知名的水上乐园，每年都吸引着世界各地游客前来参观旅游，也是全球水上乐园中游客接待量最大的，甚至超过了美国迪士尼的水上乐园，也是我国最成功的主题游乐场。

整个产业借助优越的地理位置，以及庞大的客流量，曾一度扭转了广东旅游业的发展困境，主题游乐场甚至为城市经济带来了巨大影响。

有资料显示，长隆海洋度假区在开业当日就吸引了800 多万游客，带动当地 GDP 迅速增长。2015 年长隆主题游乐场在十一黄金周期间的营业额居广州首位，主题游乐场的火爆甚至拉动了当地酒店开房率增长了87%，机场客流量也同步增长。

不仅如此，整个项目创造了5万多个就业机会，使得相关产业的就业人数达到了近20万。就业机会增加以及相关产业的发展使得广州的经济增长率不断攀升。除此之外，长隆主题游乐场的火爆，还带动了周边地区房地产、交通、基础设施建设等方面的完善。

主题游乐场产生的经济效益不可估量，长隆主题游乐场、上海迪士尼的开业给旅游业带来了350亿元的经济效益，北京欢乐谷的建成拉动了地铁线路的开通以及周边房地产、餐饮等行业的发展。

主题游乐场的规模不断扩大，将逐渐成为各地区刺激经济增长的利器，也为未来游乐场行业的发展创造了更大空间。

游客感受：提升游客的参与感与体验度

主题游乐场从环境布局、建筑装潢、设施建设等各个方面，为游客营造了一个良好的休闲娱乐氛围。从而提升了游客的感受，让游客在娱乐体验中获得更多的满足感。

游客作为主题游乐场的目标群体，能否吸引他们是一个娱乐项目是否成功的标志。现代商业市场的竞争都以顾客为导向，主题游乐场作为商业模块中的重要组成部分，要想获得游客，在同行业竞争中占据优势位置，最根本的措施就是满足游客的需求，让游客满意。

游客的参与度和体验度是主题游乐场增强吸引力、提高游客消费能力的关键，也是游客满意度的重要来源。

国内很多主题游乐场都集中在经济比较发达的地区，如珠江三角洲、长江三角洲等地区。运营成功的主题游乐场每年吸引的客流量都达到百万人次，而许多经营状况不佳的主题游乐场流量稀疏。从这些经营不佳的主题游乐场中，我们可以总结出如下几点原因。

1. 娱乐设施差

娱乐设施占据着主题游乐场的大部分区域，因此娱乐设施是吸引游客的关键。但是很多主题游乐场的娱乐设施单一，并且大多游戏设备都是机械设施，不能引起游客的兴趣。

除了单一的娱乐设施，很多建立较早的主题游乐场没有及时对老旧的游戏设施进行维修、更换。锈迹斑斑的娱乐设施让游客心生顾虑，无法提起兴趣。

2. 主题不明确

之所以称为主题游乐场，最重要的原因就是围绕“主题”创造出来的特殊环境。很多主题游乐场虽然打着“主题”的口号，但是在真实的环境中并没有给游客营造出主题的文化氛围。

缺乏风格氛围的游乐场，不仅让游客失去兴趣，同时还减少了再次消费的可能性。主题的不明确加之有限的娱乐设施和体验，让游客难以体会到主题游乐场带来的娱乐性和体验性。

3. 缺乏亮点

很多主题游乐场项目设施没有得到升级创造，造成游客的视觉和审美疲劳，缺乏吸引游客消费的亮点，使很多游客不再进场消费。

4. 基础设施不完善

餐厅、卖场、公共卫生间等功能性的模块已经成为各个主题游乐场中的标准配置。但是很多主题游乐场的这些功能不完善，游客的需求得不到满足，从而导致游客满意度下降，最终影响整个园区的经济效益。

主题游乐场存在的这些问题是造成游客满意度下降的重要原因，也是影响经济效益的关键。因此主题游乐场要想提升游客的体验度和参与度，可以从这几个方面出发进行改善。在改善的基础上创造，才是主题游乐场转败为胜的唯一途径。

提升主题游乐场游客满意度的方法如下。

1. 融合多元化的项目

游乐项目的参与度是能否持续吸引游客的关键，因此，主题游乐场只有增添更多有创意的娱乐设施、主题活动，才能让整个园区更丰富多彩，吸引游客的眼球，提升游客的体验度。

美国新泽西的六旗游乐园是世界著名的主题游乐场之一，和很多主题游乐场一样，六旗游乐园也拥有一个大型的过山车。但不同的是，这里的过山车是全世界速度最快、最高的过山车，最高处达 139 米。

除此之外，过山车的轨道也不是由钢铁制成，而是通过木质结构设计搭建的（见图 8-11）。整个过山车的外观气势宏大，很多前来参观的游客都跃跃欲试。

在六旗游乐园不仅可以享受到各种惊险刺激的娱乐项目，还

图 8-11 六旗游乐园的木质过山车

可以观看动物表演。为了给游客提供休闲的场所，游乐场精心设计了宽敞的黄金王国。

在游乐场还能体验到先进技术，游客带上 4D 眼镜就能变身巨人穿梭在模拟世界中。多样有趣的产品让整个游乐场充满了乐趣。

主题游乐场融入多元化的娱乐项目，能有效延长游客在园区内的停留时间，让游客全方位地体验到游乐场带来的乐趣。

2. 主题创意设计

主题游乐场应该突出的重点就在于“主题”，全方位地将主题的内涵表现出来，才能营造出相应的现场氛围，让游客置身其中，从视觉体验上升到内心共鸣。

主题游乐场突出主题主要从静态景观和动态因素两个方面打造。静态景观主要指游乐场中的各种建筑、花草、路面等环境构造。例如我们选择以“哈利·波特”作为游乐场的主题，那么我们就尽可能地将整个游乐场打造成一个魔法世界，整体运用暗色系，游乐场中的各个体验馆外观可以打造成哈利·波特中的城堡样式，游乐场的指路牌可以采用魔法棒的形状，园区的服务人员也可以穿上魔法斗篷……

从静态的景观开始让游客眼前一亮，将游乐场的各个细节都充分地显出主题的内涵。同时结合各种动态的设计，如和主题相对应的表演活动，如此才能让主题的内涵完全表现出来，游客就能切身地体会到主题营造出来的浓郁氛围。

3. 园区功能设置

主题游乐场的规模一般都很大，游客在园区中花费的时间都较长，因此为了满足游客的需求，主题游乐场还应提供多种功能，比如餐厅、电影院、手机充电小站、生活用品区、药店。完善的功能设置应该为在园中停留多日的游客提供满意的服务。正如迪士尼乐园，园中内部设有主题酒店，游客可以在园区内停留多日。主题游乐场还可以提供人性化的服务，针对老年人和儿童设置相应的休息区和功能区。

多功能园区的打造，让游客可以享受到一站式服务。

4. 突出亮点特色

主题游乐场除了突出主题内涵外，还应具备独特的亮点。有突出的亮点才更容易让游客记忆深刻，同时在同行业竞争中体现差异化。

迪士尼突出的是文化氛围的建设、六旗游乐园突出的是惊险刺激的娱乐项目，任何一个主题游乐场都应该具备自身的特色，比如高级的娱乐设施、先进的科技结合，甚至个性化的服务，都可以成为主题游乐场的亮点。

让游客享受到独一无二的体验，是主题游乐场的发展方向。随着科技的进步和社会的发展，越来越多新鲜有趣的内容将会被注入主题游乐场中。而主题游乐场要想吸引更多游客，需要具备与时俱进的能力，不断创新和发展，为游乐场增添更多有创意的内容。

第九章
主题公园：定义休闲度假新时代

公园是城市区域中不可或缺的部分，如果能与泛娱乐接轨，将其开发升级为主题公园以适应更多人的需求，则不失为一种很好的方法。主题公园是为了满足参观者多样化的休闲娱乐需求和选择而建造的一种具有创意性活动方式的现代旅游场所。它不仅能够发挥公园原本的休憩、观赏作用，还多了文化交流、吸引人流的作用，为人们休闲、度假、娱乐提供更多选择与空间。

定义升级：公园不再是中老年人的聚集地

公园面向的群体应该是所有人，但是过去利用公园的人绝大部分是中老年人。如果公园继续按照这种模式发展下去，将会是一种极大的浪费。

如何让更多的人进入公园，提高公园的利用率，是一个非常值得探究的问题。

通常人们所说的公园是指由政府或公共团体建设经营，供公众游玩、观赏、娱乐的园林，主要作用包括改善城市生态环境、防火、避难等。公园多以环境清幽、植被丰富、避暑纳凉的特点吸引游人参观（见图 9-1）。

传统公园的建设因地制宜，紧密与自然环境、地形特征相结合。园中文物古迹较多，创造了良好的人文环境。同时，传统公园服务功能相对齐全，承载了多层次群众的公共活动，体现了城市文化脉络的传承，是人们精神生活的重要载体，更是传递城市历史脉络的重要依托。

但传统公园发展至今也出现了不少问题，比如建园时间较为久远，保护不当导致园内设施破旧、损坏严重，人文和自然环境

图 9-1 传统公园景色

优势无法发挥，另外传统公园综合发展大大滞后于现代城市的发展，使其越来越无法满足现代人的生活需求。

传统公园的现状与年轻人的需求不符，所以年轻人很少去公园游玩。为了满足更多人的需求，作为为大众提供活动场所的公园，应该重新规划，赋予其新的定义。

与传统公园相比，主题公园具有强烈的个性和普遍的适宜性，还能实现盈利的多元化。比如，除了门票收益还可以引进一些餐饮娱乐等配套设施，在增加收益的同时，更好地利用公园这一公共场地，覆盖更广的人群，带动地区的发展。

打造主题公园，可以将室内的流行元素通过文化复制、文化移植、文化陈列以及高新技术等手段带到公园中来，以虚拟环境与园林环境为主要载体来迎合消费者的好奇心，以一个既定的主题贯穿所有的项目。

主题公园的出现使得公园不再只是中老年人的聚集地，还成为年轻人交流文化、休闲娱乐的场所。主题公园不仅是传统公园升级的方向，还是现代旅游开发的产物，为人们旅游度假提供更多的选择。

除了现在出现的以大型娱乐设施为主的主题乐园，还将会有更多符合年轻人兴趣的主题公园出现，比如以漫画展、Cosplay、动漫周边为主线的动漫主题公园，以电竞游戏等为主线的网络主题公园等也将会发展起来。

主题公园真正实现了全民公园，面向所有的群体，服务所有的人群。不仅能成为时尚前沿的先锋，也将会带动周边发展，形成新的商机。

主题特色：以人性为基点，输出文化 IP

提到厦门，我们都知道鼓浪屿；提到北京，我们都知道天安门；提到西安，我们都知道兵马俑……这些著名景区成为各地最独特的代表。对主题公园来说，要拥有自身的特色，就如同著名景点一样，成为人们脑海中蹦出来的第一印象。

随着娱乐在消费结构中所占比例越来越大，以及同质化越来越严重，主题公园要将特色的主题、独特的环境氛围、较强的体验感等多方面结合，才能成为大众的关注点。

主题公园要想脱颖而出，特色是其不二法门。

1. 以人性为基点

纵观国内外知名的主题公园都有一个共同的特征，就是契合人性，以人性为基点。主题公园契合人性的表现手法多种多样。

杭州宋城是一个以历史文化为主题的公园，整个园区借鉴《清明上河图》进行了布局设计（见图 9-2）。宋城主题公园主要分为仙山琼阁区、南宋皇宫区等多个部分。

图 9-2 杭州宋城主题公园

整个园区主要致力于对中国历史文化的表达，是一座寓教于乐的历史主题公园。历史古城风格和现代艺术建筑相融合，使杭州宋城主题公园更加具有魅力。古与今的对接、建筑和景观的和谐，迎合了当代人对历史文化的追忆。

主题公园以人性为基点，可以通过不同的主题、环境与地方特色相结合来打动游客。以人性为基点，不仅要让主题公园与游客之间产生情感、思想上的共鸣，同时还要让游客有不一样的体验。

除了要让主题公园传递出来的内涵迎合游客，提供人性化的服务也是主题公园契合人性的一种方式。以人性为基点，最重要的是主题公园传递出来的价值观和情感能否获得游客的认同。

2. 选择合适的主题

主题的选择是一个主题公园的核心，任何一个成功的主题公园都具备对主题内涵进行独特的诠释和表现的能力。只有这样才能在同类公园的竞争中更突出。

主题的选择决定了公园未来发展的方向和空间，独特的主题更能让游客眼前一亮、耳目一新。

我们常见的主题类型有以历史文化为主题、以影视作品为主题、以卡通人物为主题，这些主题比较常见，要想突破格局融入更多新颖的内容，似乎有些难。因此，为了满足消费者的需求，深度挖掘主题成为主题公园长期发展的立足点。

3. 通过活动营造氛围

主题公园除了通过人造景观布局来烘托主题，还常常通过一些主题活动来营造氛围。主题公园内的各种体验活动应更多地突出趣味性、娱乐性，以提高游客参与度为主，并且形成自己独特的活动，既可以加深游客的印象，又有利于主题公园品牌的宣传和推广。比如，环球嘉年华每年都根据巡回展选择地区，然后推出适合游客的活动项目，游客不单可以参与到活动中，还能获得相应的奖品。

混业经营：让 IP 粉丝群纷至沓来

打造主题公园（即 IPark）这一全新的商业模式和传统意义上的主题公园是不一样的，在 IPark 项目中将注入多元化的业态形式，打造出一个有价值、有意义的综合体。

过去我们认为商业地产要想成功要么做加法，要么做减法。何为加法，就是指多元化复合业态形式，即混业经营，而何为减法，就是只做专业市场或者主题形式。

最初行业中很多人都反对商业地产做加法，他们认为这种混业经营会让商业地产显得乱七八糟，甚至出现混乱的局面。但是随着市场发展和消费者需求的变化，商业地产逐渐改变了传统面貌，各种形式的业态被注入其中。混业经营俨然成为行业市场的常态表现。

混业经营是在传统公园的基础上进行情景化、风格化、特色化的升级。这种混合型的组合方式正在给主题公园创造新的格局。那么这种混业经营的模式到底是如何让游客纷至沓来的呢（见图 9-3）？

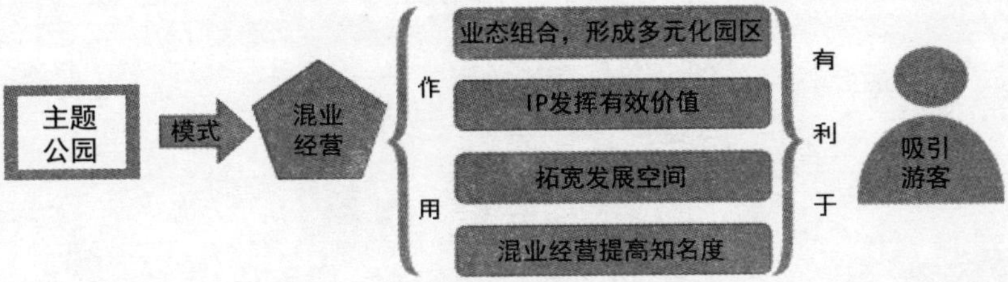

图 9-3 混业经营的作用

1. 业态组合，形成多元化园区

混业经营是除了传统公园提供的服务外，还新增了很多业态形式。如今的主题公园是集文化、休闲、娱乐、餐饮、购物等于一身的多功能园区。过去人们只能在公园中欣赏景观，现在却可以体验到不同的乐趣。

主题公园融入各种内容，使游客更容易被公园里的内容所吸引，从而增加了停留时间。主题公园的内容越丰富对游客越有吸引力。

乐高主题公园作为知名品牌，在全球多个国家和地区已经建成。美国就有两座乐高主题公园。佛罗里达的乐高乐园最为经典，它是世界上最大的乐高主题公园（见图 9-4）。

整个公园使用了数以千万的乐高塑料积木进行园区景点和娱乐设施的修建，共包含了 10 个主题区。除了各种娱乐设施，公园还用乐高突出展示了白宫、自由女神

图 9-4 美国佛罗里达乐高主题公园

像等美国城市中有名的景点。

虽然乐高主题公园主要以儿童为目标群体，但由于主题公园别致的环境布局，同样吸引着各个年龄层的游客。在佛罗里达的乐高主题公园中除了 50 多处景点外，还包含餐厅、商店、植物园、水上乐园、4D 影院等多种业态形式。

在之后的发展中佛罗里达乐高主题乐园还新增了主题酒店（见图 9-5），形成了一个综合体的主题公园。

多种项目的汇总丰富了主题公园的功能，使主题公园不再是传统意义上单一的地产项目。这就是主题公园混业经营与传统公园之间最大的差异。

图 9-5 乐高主题酒店

2.IP 发挥有效价值

从 20 世纪末开始，国内主题公园的建造呈现上升趋势。文化主题的选择成为一个亮点，主题公园除了不断进行园区更新，增加项目等活动，一个比较明显的体验就是 IP 的打造。

本书中多次提到 IP，它的价值和作用不需要再赘述。主题公园进行 IP 打造，最突出的收获就是客流量，强大的粉丝基础也是主题公园选择 IP 的关键点。主题公园在打造 IP 的过程中，既保留了 IP 原有的特色风格，同时还在不断创新，赋予 IP 更多的表现形式。

因此，主题公园引入 IP 相当于获得了大量的粉丝作为基础，同时创新 IP 形式也会受到更多粉丝的关注。不仅如此，IP 是内容体验消费最直接的来源。

随着消费结构和需求的变化，游客越来越重视体验，追求个性和特色。而以 IP 为基础打造主题公园，更能达到吸引眼球的效果。

3. 拓宽发展空间

传统公园在环境布局、基础设施、功能等方面都比较单一，发展空间具有局限性。而主题公园由于混业经营，园区中包含多种业态形式，任何一种业态形式的创新都能引起人们的关注。

传统公园不仅小型化，同时内部缺乏一定的内涵，要想完善或深度开发会受到规模、资金、设施种类等因素的限制。主题公园却突破了这种限制，依赖主题带来的文化性和内涵，给游客带来不同的体验。

主题公园可以随时进行创新，无论是园区中的品牌产品、娱乐设备，还是环境布局，都能及时迎合消费者的需求。

4. 混业经营提高知名度

主题公园的品牌营销是推广的重心，主题公园实现品牌化，并不断提高知名度和美誉度能吸引更多游客的关注。

推广工作很大一部分来源于主题公园的混业经营，混业经营不但可以增加主题公园经济效益，而且各个业态形式还能帮助主题公园进行品牌推广。主题公园内的餐厅、酒店、购物街都能成为品牌推广的渠道。例如，有的主题公园内还设有电影院，公园与传媒公司之间可以打破单向合作关系，双方相互协作，借助传媒公司的影响力帮助主题公园做推广。

混业经营对主题公园来说有着重要的优势，既能丰富内容又能实现品牌推广，从而吸引更多的流量。混业经营将成为主题公园未来发展的一大趋势。

娱乐消费是人们消费需求不断变化后产生的一种全新方式，这种全新的消费方式更注重体验性、文化性。对市场而言，顺应消费者需求的变化才能健康发展，无论是主题商场、主题酒店、主题游乐场还是主题公园，都是顺应消费需求的产物。

为了满足消费者的需求，永恒不变的就是产业的创新，创新才是推动产业不断发展的源泉，未来泛娱乐地产的发展只有在不断创新升级中，才能顺应时代的变化，长久发展。